Roland E. Fischer

Gott ist größer als unser Herz

Roland E. Fischer

Gott ist größer als unser Herz

Eine seelsorgerliche Lektüre des 1. Johannesbriefes

Fromm Verlag

Impressum / Imprint
Bibliografische Information der Deutschen Nationalbibliothek: Die Deutsche Nationalbibliothek verzeichnet diese Publikation in der Deutschen Nationalbibliografie; detaillierte bibliografische Daten sind im Internet über http://dnb.d-nb.de abrufbar.
Alle in diesem Buch genannten Marken und Produktnamen unterliegen warenzeichen-, marken- oder patentrechtlichem Schutz bzw. sind Warenzeichen oder eingetragene Warenzeichen der jeweiligen Inhaber. Die Wiedergabe von Marken, Produktnamen, Gebrauchsnamen, Handelsnamen, Warenbezeichnungen u.s.w. in diesem Werk berechtigt auch ohne besondere Kennzeichnung nicht zu der Annahme, dass solche Namen im Sinne der Warenzeichen- und Markenschutzgesetzgebung als frei zu betrachten wären und daher von jedermann benutzt werden dürften.

Bibliographic information published by the Deutsche Nationalbibliothek: The Deutsche Nationalbibliothek lists this publication in the Deutsche Nationalbibliografie; detailed bibliographic data are available in the Internet at http://dnb.d-nb.de.
Any brand names and product names mentioned in this book are subject to trademark, brand or patent protection and are trademarks or registered trademarks of their respective holders. The use of brand names, product names, common names, trade names, product descriptions etc. even without a particular marking in this works is in no way to be construed to mean that such names may be regarded as unrestricted in respect of trademark and brand protection legislation and could thus be used by anyone.

Coverbild / Cover image: www.ingimage.com

Verlag / Publisher:
Fromm Verlag
ist ein Imprint der / is a trademark of
OmniScriptum GmbH & Co. KG
Heinrich-Böcking-Str. 6-8, 66121 Saarbrücken, Deutschland / Germany
Email: info@frommverlag.de

Herstellung: siehe letzte Seite /
Printed at: see last page
ISBN: 978-3-8416-0271-8

Copyright © 2013 OmniScriptum GmbH & Co. KG
Alle Rechte vorbehalten. / All rights reserved. Saarbrücken 2013

Inhalt

1. Vorwort ... 7
2. Einleitung zum 1. Johannesbrief ... 9
3. Jesus das Leben (1,1-4) ... 16
4. Gott ist Licht (1,5-7) ... 23
5. Treu und gerecht (1,8-2,2) ... 29
6. Das neue Gebot (2,3-11) ... 35
7. Den Vater erkennen (2,12-17) ... 42
8. In ihm bleiben (2,18-29) ... 50
9. Wir sind Gottes Kinder (3,1-10) ... 56
10. Gott ist größer als unser Herz (3,11-24) ... 62
11. Wir sind aus Gott (4,1-6) ... 70
12. Gott ist Liebe (4,7-21) ... 75
13. Der Glaube überwindet die Welt (5,1-5) ... 83
14. Das Leben haben (5,6-12) ... 89
15. Gott hört unser Bitten (5,13-21) ... 95
16. Nachwort ... 101
17. Literaturangaben ... 106

Vorwort

Auch gläubige Menschen geraten in Lebenskrisen und häufig erleiden sie dadurch Glaubenskrisen. Ob es Verlusterfahrungen sind, Krankheit und Tod, ob es Sorgen in der Familie sind oder erlebte Einsamkeit, ob es erlittenes Unrecht ist oder Sünde und Schuld – immer stellt sich dem Gläubigen auch die Frage nach Gott:

Wo ist Gott in meinem Leben? Was tut er in dieser Situation? Greift er ein, kümmert er sich um mich? Vergibt er mir meine Schuld?

Der 1. Johannesbrief ist eine hervorragende Lektüre in solchen Lebenslagen; er spricht manche dieser Fragen direkt an, er gibt Antworten und Hilfestellungen, er vermittelt Trost und Hoffnung.

Vor allem durch die Kraft seiner Bilder und Symbole ermöglicht es der Johannesbrief dem Leser, nicht nur mit dem Verstand aufzunehmen, sondern auch mit dem Herzen zu lesen und zu verstehen: Gott ist Licht und Wahrheit, er liebt uns und ist viel größer als unser Herz.

Für mich gehört der 1. Johannesbrief zu den schönsten und bewegendsten Schriften des Neuen Testaments. Die klare Entschiedenheit und die herzliche Verbundenheit des Autors sprechen mich an. Vor allem spüre ich das pastorale Anliegen des Schreibers und halte deshalb eine seelsorgerliche Lektüre des 1. Johannesbriefes für angemessen.

Als Gemeindepastor habe ich mehrfach mit Kleingruppen, in Hausbibelkreisen und in Einzelgesprächen den 1. Johannesbrief gelesen. Die Teilnehmer waren häufig von seelischen und geistlichen Nöten betroffen. Ich habe versucht, die Botschaft des Briefes zu entfalten und sie mit entsprechenden Fragestellungen, Erläuterungen und weiterführenden

Hinweisen auf die Lebenssituation dieser Menschen anzuwenden. Ich habe erlebt, wie das seelsorgerliche Anliegen des Johannes wahrgenommen und die tröstende und ermutigende Botschaft angenommen wurde. Bei aller menschlicher Begrenzung und Schwäche haben sie erkannt: Gott ist größer als unser Herz und kennt alle Dinge.

Dieses Buch ist daher nicht als ein (exegetischer) Kommentar gedacht, sondern soll als eine pädagogische und seelsorgerliche Anwendung des 1. Johannesbriefes verstanden werden. Es kann als persönliche Lektüre oder zum gemeinsamen Studium in Kleingruppen oder Hauskreisen gelesen werden. Der Text des Briefes[1] wurde abgedruckt, um das Lesen oder Vorlesen des Bibeltextes zu erleichtern. Die persönlichen Fragen regen zum Nachdenken an, die Antworten können in den freien Platz eingetragen werden. Beim gemeinsamen Lesen laden diese Fragen zum Gespräch ein. Die weiterführenden Texthinweise sollen zum Bibelstudium motivieren und das Thema erweitern. Die Anregungen zum Schluss eines jeden Kapitels können durch Nachdenken und Meditieren das Gelesene vertiefen.

In jedem Fall soll dieses Buch mit den Augen des Herzen gelesen, mit Verstand und Gemüt erfasst und im Glauben angewandt werden. Gottes Segen dazu.

Friedensau, im Advent 2013 Roland E. Fischer

---

[1] Lutherbibel, revidierter Text 1984, durchgesehene Ausgabe, (c) 1999 Deutsche Bibelgesellschaft, Stuttgart. Der Abdruck erfolgte mit freundlicher Genehmigung der Deutschen Bibelgesellschaft. Auch die anderen Bibelzitate sind – wenn nicht anders vermerkt – nach dem Luthertext von 1984 zitiert.

Einleitung zum 1. Johannesbrief

Bevor wir uns dem Text des 1. Johannesbriefes zuwenden, wollen wir einige Fragen, die sogenannten Einleitungsfragen, klären. Das hilft uns nicht nur, den Brief zeitgeschichtlich einordnen zu können, sondern auch einen Überblick über Aufbau und Themen zu gewinnen und damit den Inhalt besser zu verstehen.

Personen und Umstände

Obwohl der Verfasser des ersten wie auch der beiden anderen Johannesbriefe nicht namentlich genannt wird, wurde er schon sehr früh in der altkirchlichen Tradition mit dem Autor des Johannesevangeliums identifiziert: Johannes, der Sohn des Zebedäus und Jünger Jesu. Die Verfasserschaft des 1. Johannesbriefes wurde im Laufe der theologischen Forschung hin und wieder in Frage gestellt – es gab historische, inhaltliche und sprachliche Argumente zu bedenken. Jedenfalls stellt sich der Autor als Augen- und Ohrenzeuge des irdischen Jesus vor. Auch wenn die Verfasserfrage nicht zweifelsfrei zu entscheiden ist, können wir doch mit guten Gründen von Johannes, dem Jünger Jesu, als dem Autor des 1. Johannesbriefes ausgehen.

Wenn dieser nun auch das Johannesevangelium geschrieben hat, wie die große stilistische und inhaltliche Nähe vermuten lässt, stellt sich die Frage, welches Werk früher geschrieben wurde: zuerst das Evangelium und dann die Briefe oder umgekehrt? Hier gibt es für beide Alternativen jeweils gute Gründe, so dass auch diese Frage nicht endgültig zu klären ist. Es ist jedoch wahrscheinlicher, dass das Evangelium zuerst geschrieben wurde, denn der Verfasser bezieht sich in seinen Briefen häufig direkt oder indirekt darauf.

Aufgrund der politische Lage[2] und der religiösen Strömungen,[3] die sich im 1. Johannesbrief niederschlagen, ist die Entstehungszeit an das Ende des 1. Jahrhunderts anzusetzen. Dem entsprechen auch die Aussagen der Kirchenväter aus dem 2. Jahrhundert. Wir können wohl annehmen, dass der Brief zwischen 90 und 95 n. Chr. verfasst wurde.

Entstehungsort des Schreibens, da sind sich alle Ausleger relativ einig, war Ephesus. Das Wirken des Johannes wird in den altkirchlichen Zeugnissen mit der römischen Provinz *Asia*, und dort insbesondere mit Ephesus in Verbindung gebracht.

Demzufolge sind wohl auch die Adressaten in dieser Gegend zu suchen. Es handelt sich sehr wahrscheinlich nicht um eine einzelne Ortsgemeinde, denn dafür fehlen konkrete Angaben. Trotzdem scheinen die Empfänger in einer ähnlichen Situation und geistlichen Verfassung zu leben. Es sind ganz offensichtlich Heidenchristen, denn es fehlen Bezüge zum jüdischen Glauben und zur jüdischen Tradition. Johannes schreibt wohl an die Christen in den Gemeinden Kleinasiens, also in Ephesus und Umgebung.

Aufbau und Struktur

Schon beim ersten Lesen fällt auf, dass dieses Schreiben eigentlich gar kein Brief ist, denn die typischen Merkmale einer antiken Epistel fehlen: der Verfasser stellt sich nicht vor, die Adressaten werden nicht angesprochen, es fehlen Grußformeln am Anfang und die üblichen Grüße und Segenswünsche am Schluss. Es handelt sich auch nicht um eine theologische Abhandlung oder eine Lehrpredigt, sondern eher um Meditationen über christliche Glaubensüberzeugungen, die auf das praktische Christenleben angewandt werden.

[2] Zur Abfassungszeit gab es offensichtlich keine Christenverfolgung.
[3] Der Brief wendet sich gegen gnostische Irrlehrer.

„Es ist dieser Brief also eine Art Pastoralschreiben, eine Art Hirtenbrief, denn er ist getragen von einem lebendigen, persönlichen Verhältnis zwischen dem Schreiber und den Lesern. Zuspruch und Ermahnung, Tröstung und Ermunterung, Aufruf und Hinweis geschehen fast leidenschaftlich und tragen einen unmittelbar persönlichen Charakter.“[4]

Es kann als eine Eigenart dieses Schreibens gelten, dass der Verfasser eine besonders herzliche Beziehung zu seinen Lesern offenbart, indem er sie wiederholt als „meine Kinder“ oder „Geliebte“ anspricht. Er hat zweifellos ein seelsorgerliches Anliegen, weshalb eine „seelsorgerliche Lektüre“ des 1. Johannesbriefes angemessen scheint.

Johannes entfaltet nun seine Gedanken nicht linear in einer logischen Gedankenkette, wie wir dies im westlichen Kulturkreis vom griechischen Denken her gewohnt sind. Nein, er kreist um ein Thema, beleuchtet es von verschiedenen Seiten, kommt assoziativ auf ein anderes Thema zu sprechen, um schließlich sein erstes Thema wieder aufzugreifen. Doch sind dies keine platten Wiederholungen, sondern Erweiterungen und Vertiefungen, die ihm dann wieder die Grundlage für ein weiteres Thema bieten. Ein Wort innerhalb eines Themas wird zum Stichwort, das den folgenden Satz oder gar Abschnitt bestimmt und so ein neues Thema hervorruft.

„So folgen etwa der Aussage 1,7 mit dem Stichwort ‚Sünde‘ die Sätze von 1,8 bis 2,2, die alle um das Thema ‚Sünde‘ kreisen. Oder der Schluss des Abschnittes 3,4-10 in V.10: ‚und wer nicht seinen Bruder liebt‘ führt zur Darlegung der wahren ‚Liebe‘ in 3,11-18, wobei dann das Stichwort ‚Wahrheit‘ in 3,18 zum Abschnitt 3,19-24 überleitet.“[5]

---

[4] Klempert 1973, 26.27.
[5] De Boor 1978, 12.

Am treffendsten kann man den Aufbau des 1. Johannesbriefes „spiralförmig" nennen, denn der Autor umkreist verschiedene Themen und arbeitet sich dabei immer tiefer in seine Gedanken hinein.[6]

Daher ist es auch nicht leicht, eine klare Gliederung des Briefes zu erstellen. Man hat versucht, eine Zweier-, Dreier- oder Siebener-Struktur zu entdecken; man hat eine Gliederung nach den belehrenden oder ermahnend-seelsorgerlichen Anliegen des Briefes vorgenommen; man hat sprachliche Besonderheiten zur Grundlage einer Struktur gemacht. Eine alles umfassende Gliederung des 1. Johannesbriefes ist wohl nicht möglich, und so folgt dieses Buch den Sinneinheiten im Duktus des Briefes, wobei die Einteilungen auch zum Teil willkürlich gesetzt sind.

Eine weitere stilistische Eigenart des 1. Johannesbriefes sind die scharfen Gegensätze, mit denen der Autor arbeitet: Licht – Finsternis; Liebe – Hass; Gott – Welt; Wahrheit – Lüge usw. Diese Gegensätze formuliert er häufig in sogenannten Antithesen, wenn er einer negativen Aussage im nächsten Satz eine positive gegenüberstellt (oder umgekehrt).

So argumentiert er beispielsweise im 1. Kapitel: „Wenn wir sagen, dass wir Gemeinschaft mit ihm haben, und wandeln in der *Finsternis*, so lügen wir und tun nicht die Wahrheit. Wenn wir aber im *Licht* wandeln, wie er im Licht ist, so haben wir Gemeinschaft untereinander, und das Blut Jesu, seines Sohnes, macht uns rein von aller Sünde." (1,6.7)

Oder im Kapitel drei: „Dass, wenn uns unser *Herz verdammt*, Gott größer ist als unser Herz und erkennt alle Dinge. Ihr Lieben, wenn uns unser *Herz nicht verdammt*, so haben wir Zuversicht zu Gott." (3,20.21)

Johannes formuliert häufig in kurzen, apodiktischen Sätzen, ohne den Versuch einer Erklärung oder Begründung zu machen. Diese manchmal

[6] Auch der Fluss Mäander in der kleinasiatischen Heimat des Johannes mit seinen vielen Windungen und Krümmungen wurde zur Illustration seines Schreibstils angeführt.

schroffe Ausdrucksweise mag als ein Widerspruch zu seiner liebevollen, väterlichen Art empfunden werden. Es kann in der Tat eine Herausforderung bei der Beschäftigung mit dem 1. Johannesbrief sein, das seelsorgerliche Anliegen eines liebevollen Apostels wahrzunehmen und ihm gleichzeitig keine beschauliche Harmlosigkeit oder altväterliche Weltfremdheit zuzuschreiben. Den besten Eindruck und Überblick bekommt man, wenn man den Brief zuerst einmal als Ganzes durchliest.[7]

Themen und Anliegen

Die Empfänger des 1. Johannesbriefes sind Heidenchristen, die in einer heidnischen Umwelt leben und durch falsche Christen in der Echtheit ihres Glaubens bedroht sind. Diese Irrlehrer können wir folgendermaßen bestimmen: sie halten sich für Christen, betonen ihre Gotteserkenntnis und pochen auf ihre geistliche Überlegenheit über andere Gläubige. Sie meinen, durch ihre Gemeinschaft mit Gott gerettet zu sein, ziehen daraus aber keine Konsequenzen für ihr alltägliches Leben und scheitern an der Verwirklichung des Liebesgebotes. Vor allem verwerfen sie die menschliche Existenz Jesu, den „ins Fleisch" gekommenen Christus.[8] Demgegenüber stellt Johannes seine Position dar, die wesentlich von zwei Schwerpunkten bestimmt ist: der rechte Glaube an Jesus Christus, den Mensch gewordenen Sohn Gottes und das rechte Leben in der Liebe zu Gott und zueinander.

„Der Zweck des Schreibens ist also, die Leser im Glauben und in der brüderlichen Liebe zu stärken, sie in der Gewissheit der Gottesgemeinschaft zu festigen und sie vor der Bedrohung durch Irrlehrer zu schützen."[9] Johannes will seine Gemeinde nach innen hin stabilisieren und nach außen hin abgrenzen.

---

[7] Es ist auch empfehlenswert, sich den ganzen Brief mittels einer Hörbibel anzuhören.
[8] Nach Balz/Schrage 1992, 157.
[9] Klempert 1973, 37.

Dazu greift er immer wieder – wie oben erwähnt – Begriffe und Themen auf, die zum großen Teil auch im Johannesevangelium vorkommen. Das sind z. B. die Trias Licht, Liebe, Leben, aber auch Gemeinschaft und Freude oder im negativen Sinn Sünde und Lüge.

Vielleicht könnte man aufgrund dieser Anliegen und Themen, die Johannes umkreist, doch versuchen, einen Überblick über den 1. Johannesbrief grafisch darzustellen: im Kern stehen die beiden Hauptanliegen, der Glaube an Jesus Christus und das Leben in der Liebe. In einem ersten konzentrischen Ring sind die Themen angeordnet, die unmittelbar damit in Verbindung stehen. In einem zweiten Ring finden sich die Themen, die sich daraus ergeben oder die darauf Einfluss nehmen. Im äußeren Ring stehen – gewissermaßen als Negativfolie – die Themen, gegen die Johannes vorgeht und gegen die sich das christliche Verhalten abheben soll.

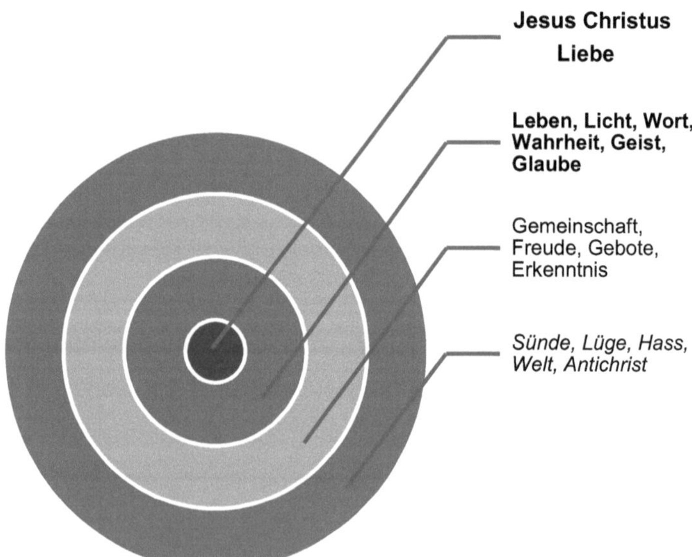

„Wo der rechte Glaube an Jesus, den Christus und Gottes Sohn bekannt wird und Liebe untereinander geübt wird, da ist wirklich christliche Gemeinde, die nicht nur Gemeinschaft untereinander ist, sondern vor allem und zuerst Gemeinschaft mit Gott und Christus selbst.“[10] Darin liegt wohl die ungebrochene Aktualität des 1. Johannesbriefes bis heute.

[10] Mann 1986, 130.

Jesus das Leben (1,1-4)

1 Was von Anfang an war, was wir gehört haben, was wir gesehen haben mit
unsern Augen, was wir betrachtet haben und unsre Hände betastet haben,
vom Wort des Lebens - **2** und das Leben ist erschienen, und wir haben
gesehen und bezeugen und verkündigen euch das Leben, das ewig ist, das
beim Vater war und uns erschienen ist -, **3** was wir gesehen und gehört
haben, das verkündigen wir auch euch, damit auch ihr mit uns Gemeinschaft
habt; und unsere Gemeinschaft ist mit dem Vater und mit seinem Sohn Jesus
Christus. **4** Und das schreiben wir, damit unsere Freude vollkommen sei.

Die Einleitung zum 1. Johannesbrief hat deutliche Anklänge zum Prolog des Johannesevangeliums:[11] der Verfasser geht zum *Anfang* zurück, er stellt das *Wort* vor und führt eines seiner Hauptthemen ein – das *Leben*. Doch im Unterschied zum Evangelium bezieht sich Johannes gleich persönlich mit ein; er bezeugt das, was er selber erlebt und erfahren hat - die Begegnung mit dem Leben. Drei Mal benennt er dieses Leben und steigert sich dabei in den Begriffen: das Wort des Lebens, das Leben und das ewige Leben. Wie beeindruckend muss dieses Leben für Johannes gewesen sein!

Was stellst du dir unter Leben vor?

Auch wenn Johannes hier Jesus Christus nicht beim Namen nennt, wird doch sofort deutlich, wen er mit dem „Leben" meint. Und eigentlich musste er ihn gar nicht beim Namen nennen, denn die Leser des Johannes wussten genauso gut wie die Gläubigen heute: es ist der, der beim Vater war und uns erschienen ist.

[11] Siehe Joh 1,1-14.

Jesus Christus ist das Leben für uns, und dieses Leben hat bei Johannes eine umfassende Bedeutung: Es ist zum einen das geschaffene, also unser biologisches Leben. Zum zweiten bedeutet es ein sinnvolles und erfülltes Leben, nennen wir es das qualitative Leben und schließlich ist es das ewige Leben, das über den Tod hinausweist: das Auferstehungsleben.

Johannes 1,1-5; 5,24-29; 10,9-11; 1. Johannes 5,11.12

Johannes ist so begeistert und erfüllt von dieser Begegnung mit Jesus Christus, dem Leben, dass er sich mit Worten fast überschlägt. Mit allen Sinnen hat er diesen Jesus erfahren: gehört, (mit den Augen) gesehen, ja betrachtet und berührt (betastet). In der Tat hatte Johannes intensiven Kontakt mit Jesus während dessen Erdenzeit gehabt. Zuerst hatte er von ihm durch Johannes den Täufer gehört. Dann hatte er ihn selbst gesehen. Beim Betasten mag man vielleicht an die Berührung der Wundmale des Auferstandenen denken.[12] Johannes konnte Jesus, das wahre Leben, mit seinen fünf Sinnen wahrnehmen. Ob das seinen Glauben gestärkt hat, ob das vielleicht sogar die Grundlage seines Glaubens war?

Welche Bedeutung haben deine Sinne, dein Empfinden und Gefühl für deinen Glauben?

Glauben ist ein ganzheitliches Erleben, und so spielen neben dem Verstand auch das Gefühl und die Sinne eine wichtige Rolle. Freilich können wir Jesus

[12] Vgl. Lk 24,36-40.

als Person nicht mit unseren Sinnen wahrnehmen, und doch kann der Glaube durch Sinneseindrücke erfahren, bestätigt und ausgedrückt werden: das Betrachten der Wunderwerke Gottes in der Schöpfung, das Hören auf das Wort Gottes in der Predigt oder in einem Lied, das Schmecken von Brot und Wein im Abendmahl, das Fühlen des Taufwassers auf der Haut.

Was wir jedoch in jedem Fall wie Johannes bezeugen können: das Leben ist uns erschienen! Ja, auch wir, die wir Jesus nachfolgen, hatten auf die eine oder andere Weise eine Begegnung mit unserem Herrn. Er hat uns gesucht und gefunden, er ist in unser Leben getreten, er ist uns begegnet. Dieses Leben können auch wir bezeugen. Macht es einen Unterschied, ob wir sagen: „Ich glaube an Jesus Christus“ oder: „Das Leben ist erschienen, ich habe es gesehen und bezeuge es“? Der erste Satz ist zweifelsohne richtig, der zweite drückt eine persönliche Betroffenheit, ja eine Begeisterung aus. Diese hatte Johannes erfüllt und sie kann auch uns erfassen!

Das Ziel der Verkündigung des Johannes ist die Gemeinschaft „mit uns“ (den Aposteln) und mit Gott. Damit ist ein weiteres der großen Themen des Johannesbriefes angesprochen: Gemeinschaft! Gemeinschaft ist mehr als Zusammensein. Das Bedürfnis nach Gemeinschaft, Zugehörigkeit und Annahme gehört zu den menschlichen Grundbedürfnissen. Gemeinschaft können wir auf verschiedenen Ebenen erleben: in Interessens-gemeinschaften, in Vereinen und Verbänden, im Freundes- und Familienkreis, in Kirche und Gemeinde. Unser Bedürfnis nach wahrer und tiefer Gemeinschaft wird allerdings nur unter bestimmten Bedingungen erfüllt.

Was ist für dich die Grundlage echter, inniger Gemeinschaft?

Gemeinsame Interessen, Verständnis, Freundschaft, Vertrauen – das sind sicherlich gemeinschaftsstiftende Faktoren. Die Gemeinschaft, von der Johannes schreibt, beruht auf dem gemeinsamen Glauben an Jesus Christus, ja mehr noch, auf der gemeinsamen Begegnung mit dem Leben in Jesus Christus. Diese grundlegende und lebensverändernde Erfahrung bewirkt Gemeinschaft unter Christen. Sicherlich ist die Kirchengemeinde auch der Ort, wo man gemeinsame Interessen und Ziele verfolgt, wo man sich mag und versteht, wo man sich vielleicht sogar als große Familie empfindet. Und doch ist überdies die gemeinsame Glaubenserfahrung, ja der Herr selbst, die eigentliche Grundlage der Gemeinschaft. „Die Gemeinde wird zusammengehalten dadurch, dass jedes Glied eine Verbindung zu Christus hat. … Wir gleichen den Speichen eines Rades. Sie nähern sich einander, je näher sie der Nabe kommen; und umgekehrt, je näher sie einander kommen, desto näher sind sie der Nabe. Verbindet nicht Zuneigung oder gleiches Denken unmittelbar miteinander, so geht doch von jedem eine Verbindungslinie zu Christus und über Christus zum Mitbruder, zur Mitschwester.“[13]

Denn, wie Johannes sagt, „unsere Gemeinschaft ist mit dem Vater und mit seinem Sohn Jesus Christus.“ (V. 3) Damit möchte er uns, die Christen aller Zeiten, in diese enge und persönliche Gemeinschaft mit Gott, dem Vater und dem Herrn Jesus Christus einladen. Kann es etwas Schöneres, etwas Innigeres, etwas Persönlicheres geben als Gemeinschaft mit Gott?

Wie gestaltest du die Gemeinschaft mit Gott?

[13] Klempert 1973, 89.

Die christliche Tradition gibt uns vielfältige und reichhaltige Möglichkeiten, in Beziehung zu Gott zu treten und Gemeinschaft mit ihm zu pflegen: das Lesen und Studieren der Heiligen Schrift; das Hören auf das Wort Gottes in der Predigt; der Gottesdienst mit Lobpreis und Anbetung; die Gegenwart Jesu in Brot und Wein beim Abendmahl; die Stille und das Schweigen; das Nachdenken und die Meditation; das Beten mit eigenen Worten oder mit Worten der Bibel, mit Formulierungen der christlichen Bekenntnisse oder der Tradition; die Betrachtung der Werke Gottes in der Schöpfung.

Die Begegnung mit Jesus Christus, dem wahren Leben, die Gemeinschaft mit Gott und den Mitgläubigen ist nun Grund zur Freude, ja führt zur „vollkommenen Freude".[14]

Freude ist die Grundstimmung des Evangeliums, schließlich heißt Evangelium ja wörtlich übersetzt *gute Nachricht* oder *frohe Botschaft*. Im Neuen Testament findet sich über 30 Mal die Wortgruppe „froh/fröhlich" und über 120 Mal finden sich die Begriffe „Freude" und „freuen". Schon bei der Geburt Jesu verkündigte der Engel „große Freude"[15] und die Sendung Jesu stand im Zeichen der „Freude im Himmel"[16] über Menschen, die sich Gott zuwenden. Gläubige Menschen werden aufgefordert, sich zu freuen, ja das gesamte Ziel der Botschaft Jesu ist laut dem Zeugnis des Johannesevangeliums: „Das sage ich euch, damit meine Freude in euch bleibe und eure Freude vollkommen werde."[17]

Johannes 16,20-22; Philipper 4,4

---

[14] Zu diesem Text gibt es zwei Lesarten: entweder „damit *unsere* Freude vollkommen sei" oder „damit *eure* Freude vollkommen sei".
[15] Lk 2,10.
[16] Siehe z. B. Lk 15,7.10.32.
[17] Joh 15,11.

Das Leben des Christen kennt freilich beides: Freude und Trauer, Lachen und Weinen. Beides ist natürlich, beides ist angemessen und beide Empfindungen kennt auch die Bibel.[18]

Wie kann es möglich sein, trotz Widerwärtigkeiten und Sorgen wahre Freude zu empfinden?

Zu allen Zeiten haben gläubige Menschen, auch und gerade in schweren Lebenslagen, die Freude des Evangeliums und das Glück des Glaubens erfahren.

Zum Nachsinnen und Weiterdenken

Der Liederdichter Johann Franck war der Überzeugung, dass der Gläubige trotz des Leides eine tiefe Freude in der Beziehung zu Jesus Christus erfahren kann. So singen wir in dem altbekannten Kirchenlied:

„Jesu, meine Freude,
meines Herzens Weide,
Jesu, meine Zier.
Ach, wie lang, ach lange
ist dem Herzen bange,
und verlangt nach dir!
Gottes Lamm, mein Bräutigam,

[18] Siehe z. B. Pred 3,4.5; Lk 6,21.

außer dir soll mir auf Erden
nichts sonst Liebers werden.

Weicht, ihr Trauergeister,
denn mein Freudenmeister,
Jesus, tritt herein.
Denen, die Gott lieben
muss auch ihr Betrüben
lauter Freude sein.
Duld‘ ich schon hier Spott und Hohn,
dennoch bleibst du auch im Leide,
Jesu meine Freude.“

Johann Franck, 1653 (Strophen 1 und 5)

Gott ist Licht (1,5-7)

5 Und das ist die Botschaft, die wir von ihm gehört haben und euch verkündigen: Gott ist Licht, und in ihm ist keine Finsternis. **6** Wenn wir sagen, dass wir Gemeinschaft mit ihm haben, und wandeln in der Finsternis, so lügen wir und tun nicht die Wahrheit. **7** Wenn wir aber im Licht wandeln, wie er im Licht ist, so haben wir Gemeinschaft untereinander, und das Blut Jesu, seines Sohnes, macht uns rein von aller Sünde.

Zu den schon genannten Hauptthemen des Johannesbriefes *Leben* und *Gemeinschaft* kommt nun ein drittes hinzu: *Licht*.

Schon das natürliche Licht ist ein äußerst faszinierendes Phänomen, so dass die Physik zwei unterschiedliche Modelle benutzen muss, um das Licht einigermaßen zu beschreiben und zu erklären. Licht hat eine umfassende und grundlegende Bedeutung für unser Leben - ohne Licht ist (fast) kein Leben möglich. Licht und Leben reimen sich nicht nur sprachlich, sondern gehören auch inhaltlich zusammen. Licht ermöglicht unsere körperliche Existenz, erwärmt unsere Seele und erleuchtet unseren Geist.

Kein Wunder also, dass wir mit Licht alle möglichen positiven Eigenschaften und Werte verbinden: Helle, Wärme, Klarheit, Reinheit, Erleuchtung…

Welche Gedanken und Empfindungen verbindest du mit dem Begriff „Licht"?

Licht steht nun diametral der Finsternis gegenüber - so betont es auch Johannes. Licht und Finsternis, beide gehören in unsere Welt und auch zu unserer persönlichen Erfahrung. Wir haben lichte Momente und machen helle und klare Erfahrungen, wir haben aber auch dunkle Augenblicke und machen düstere Erfahrungen. Und schließlich gibt es auch beides in uns selbst, helle und dunkle Seiten.

Wo ist es licht in dir, wo sind deine hellen Seiten? Wo ist es finster in dir, wo sind deine dunklen Seiten?

Wenn Johannes zuvor (V. 3) geschrieben hatte, dass das *Leben* der Inhalt der Verkündigung der Apostel ist, so schreibt er nun: wir verkündigen euch, dass Gott *Licht* ist. Damit verknüpft auch Johannes Licht und Leben miteinander. So wie beide in unserer Erfahrungswelt zusammengehören, so ist auch Gott beides, Leben und Licht. Und beides hatte Johannes schon im Prolog zu seinem Evangelium auf Jesus Christus bezogen: „In ihm war das Leben und das Leben war das Licht der Menschen."[19] Mit der zunächst kurzen und knappen Beschreibung „Gott ist Licht" greift Johannes auf Aussagen des Alten Testamentes und auf Selbstzeugnisse Jesu zurück.

Psalm 27,1; 1. Mose 1,3.4; Johannes 8,12

Von der Erschaffung des Lichtes am ersten Schöpfungstag über Erscheinungen und Selbstoffenbarungen Gottes im Alten Testament bis hin zu Aussagen des Mensch gewordenen Gottessohnes selbst wird hundertfach betont: Gott ist Licht!

[19] Joh 1,4.

Was bedeutet es für dich, dass Gott Licht ist?

Gott wird von Johannes eindeutig und ausschließlich mit dem Licht identifiziert und damit mit dem Hellen, Klaren, Guten und Schönen assoziiert. Finsternis gibt es keine in ihm, fährt er kategorisch fort. Damit vertritt Johannes ein Gottesbild, das uns tröstet und ermutigt: Gott ist Licht und Leben, Gott ist hell und klar, Gott ist gut und freundlich. Gott hat keine dunklen Seiten; Finsternis, Unheil und Tod kommen nicht von ihm. Das ist gute Botschaft, das ist Evangelium: wir brauchen nicht zu fürchten, dass Gott bedrohlich ist, dass in ihm irgendetwas Dunkles oder auch nur Zwiespältiges ist.

Gleichzeitig nimmt uns Johannes in die Pflicht: Gemeinschaft mit Gott gibt es nur, wenn wir auch im Licht wandeln.

Was heißt für dich im Licht zu wandeln?

Wenn Gott *Licht* ist, dann können wir für Licht auch „Gott“ einsetzen. Im Licht wandeln würde dann heißen: mit Gott wandeln. Mit Gott leben, ihm nachfolgen, Gemeinschaft mit ihm pflegen, seine Nähe suchen.

Aber ist uns das in dieser Absolutheit und Vollkommenheit, die Johannes anscheinend von uns fordert, überhaupt möglich? Können wir im Licht wandeln, wie Gott im Licht ist? Gibt es in unserem Christenleben nicht immer wieder Schatten und Finsternis, Fehler und Schwächen, Unheil und Sünde? Johannes kennt diese Spannung zwischen Anspruch und Wirklichkeit, zwischen dem, wie unser Glaubensleben verlaufen soll und wie es tatsächlich gelebt wird, sehr gut. Darauf wird er noch ausführlich zu sprechen kommen, hier deutet er nun auch die andere, die negative Seite an: wir wandeln in der Finsternis, wir tun nicht die Wahrheit. Ja, auch das gehört zu unserer menschlichen Existenz. Aber das Blut Jesu, seines Sohnes, macht uns rein von aller Sünde! Wandel im Licht heißt eben auch, dass wir uns der vergebenden Gnade Jesu ausliefern, dass wir die Reinigung von unseren Sünden, Schwächen und Dunkelheiten erleben.

Beim Wandel im Licht geht es also nicht um Sündlosigkeit, nicht um ein vollkommenes, nahezu gottgleiches Leben. Im Gegenteil: Im Lichte Gottes erkennen wir unsere Sündhaftigkeit und Unvollkommenheit und erfahren die Vergebung durch Jesus Christus. Wer so gereinigt ist, ist wieder hell und licht und wandelt umso inniger mit Gott - er wandelt eben im Licht.

Wo hast du erlebt, dass Gott deine dunklen Stellen rein und hell gemacht hat?

Der Wandel im Licht führt uns schließlich auch in die Gemeinschaft miteinander. Es ist ein schönes und treffendes Bild: wenn wir im Licht wandeln, wenn wir dem Schein des Lichtes folgen, dann werden wir zur

Gemeinschaft geführt. Anders ausgedrückt: die Gemeinschaft der Gläubigen findet im Licht statt, nicht in der Finsternis. Finsternis ist Kälte, Einsamkeit und Isolation. Licht aber ist Wärme, Gemeinschaft und Miteinander.

Natürlich wissen wir, dass es auch in der christlichen Gemeinschaft Schatten, Flecken und Störungen gibt. Das ist die menschliche, manchmal allzu menschliche Seite, die Johannes auch kennt. Deshalb heißt seine Logik auch nicht: die Gemeinschaft führt uns ins Licht, sondern umgekehrt: wer im Licht wandelt, der wird zur wahren, tiefen Glaubensgemeinschaft der Christen geführt. Es ist die Gemeinschaft von gerechtfertigten Sündern, die in dem Bewusstsein leben, dass keiner besser ist als der andere, dass wir alle Sünder sind, dass wir aber durch Jesus Christus gereinigt sind und Vergebung empfangen haben. Im Lichte Gottes erkennen wir uns als Sünder und gleichzeitig als Gerechte. Das ist die Grundlage der christlichen Gemeinschaft. Dass Johannes in diesen ersten Versen die Begriffe Gemeinschaft „mit uns", „mit ihm" und „untereinander" fast austauschbar verwendet heißt: das durchdringende und allumfassende Licht Gottes führt in die Gemeinschaft der Christusgläubigen zu allen Zeiten, an allen Orten und in die Gemeinschaft mit dem dreieinen Gott.

Zum Nachsinnen und Weiterdenken

Du bist so nah

und mit dir jenes Licht,

das, heller als die Sonne,

alle Nacht durchbricht

und uns befreit!

Du bist so rein,

wie ein Kristall so klar

und – wie ein Strom des Lebens –

mächtig offenbar,

voll Herrlichkeit!

Du bist so gut,

o Herr, in deinem Tun!

Wir werden bald, recht bald

an deinem Herzen ruhn

in Ewigkeit!

Heinz Severin[20]

---

[20] Gottschalk o.J., 154.

Treu und gerecht (1,8-2,2)

8 Wenn wir sagen, wir haben keine Sünde, so betrügen wir uns selbst, und die Wahrheit ist nicht in uns. **9** Wenn wir aber unsre Sünden bekennen, so ist er treu und gerecht, dass er uns die Sünden vergibt und reinigt uns von aller Ungerechtigkeit. **10** Wenn wir sagen, wir haben nicht gesündigt, so machen wir ihn zum Lügner, und sein Wort ist nicht in uns. **2,1** Meine Kinder, dies schreibe ich euch, damit ihr nicht sündigt. Und wenn jemand sündigt, so haben wir einen Fürsprecher bei dem Vater, Jesus Christus, der gerecht ist. **2** Und er ist die Versöhnung für unsre Sünden, nicht allein aber für die unseren, sondern auch für die der ganzen Welt.

Nachdem Johannes in den ersten Versen von Licht, Leben und Gemeinschaft geschrieben und damit ein schönes, helles Bild gemalt hatte, spricht er nun über die Sünde. Dieses Thema hatte er in Kapitel 1,7 schon eingeleitet, indem er die Reinigung von Sünden durch Jesus Christus betont hatte.

Nun entfaltet er dieses Thema und zeigt dabei die Spannung im Leben eines Christen auf, die er zuvor beim Wandel im Licht bzw. in der Finsternis schon angedeutet hatte: sündigen oder nicht sündigen?

Inwiefern empfindest du dich als Sünder?

Johannes beginnt diese gedankliche Auseinandersetzung mit der Formulierung „wenn wir sagen“. Mit dieser typischen Redewendung, die häufiger in seinem Brief vorkommt, weist er auf eine menschliche Fehlannahme oder ein Fehlverhalten hin. So auch hier: wenn wir sagen, wir haben keine Sünde bzw. wir hätten nicht gesündigt, dann ist das eine trügerische Fehleinschätzung. Die beiden Formulierungen[21] klingen auf den ersten Blick recht ähnlich, ziehen aber unterschiedliche Konsequenzen nach sich: wir betrügen uns selbst bzw. wir machen Gott zum Lügner. Worin liegt der Unterschied?

Wenn wir sagen, dass wir jetzt keine Sünde haben[22], dass wir dauerhaft nicht sündigen, dann betrügen wir uns selbst. Das, so Johannes, entspricht nicht unserer Lebenswirklichkeit, auch nicht der eines Christen. Wir sündigen doch immer wieder, alles andere wäre Selbstbetrug und damit unwahrhaftig. Wenn wir sagen, dass wir auch (früher) nie gesündigt hätten[23], machen wir Gott zum Lügner. Warum? Weil Gottes Wort unzweifelhaft klarstellt, dass alle Menschen Sünder sind und die Erlösung durch Jesus Christus brauchen.

Römer 3,23.24; 5,12

Wer seine Sündhaftigkeit und damit seine Erlösungsbedürftigkeit leugnet, stellt nicht nur Gottes Wort als unwahr dar, sondern macht auch Gottes Erlösungshandeln überflüssig. Das mag wohl der Grund sein, weshalb Johannes hier so drastische Worte gebraucht. Doch zwischen diesen beiden Sätzen schreibt er ein sehr tröstliches Wort: Gott ist treu und gerecht!

Was bedeutet es für dich, dass Gott treu und gerecht ist?

---

[21] V. 8.10.

[22] Im griechischen Originaltext steht das grammatikalische Präsens, das ein gegenwärtiges und dauerhaftes Verhalten meint.

[23] Hier steht im Griechischen die Perfektform, die einen abgeschlossenen Vorgang in der Vergangenheit ausdrückt.

Treue und Gerechtigkeit werden schon im Alten Testament als Eigenschaften Gottes gerühmt. So heißt es beispielsweise in Psalm 86,15: „Du aber, Herr, Gott, bist barmherzig und gnädig, geduldig und von großer Güte und Treue." Und Psalm 145,7 bezeugt: „Sie sollen preisen deine große Güte und deine Gerechtigkeit rühmen."

Auch Jesus Christus werden im Neuen Testament diese Eigenschaften zugesprochen. Und doch finden wir nur an dieser Stelle im 1. Johannesbrief die beiden Eigenschaften Treue und Gerechtigkeit in einem Atemzug genannt: Gott ist treu *und* gerecht, dass er unsere Sünden vergibt.

Gott ist treu, weil er zu seinem Versprechen steht und seine Verheißung erfüllt. Alle die zu ihm kommen, die ihre Sünden bekennen und bereuen, die Vergebung und Erlösung suchen, werden sie bekommen. Das hat Gott versprochen, denn dazu ist Jesus Christus in diese Welt gekommen, „dass er diene und gebe sein Leben als ein Lösegeld für viele."[24]

Gott ist auch gerecht, wenn er den Menschen ihre Sünden vergibt. Gottes Gerechtigkeit besteht nicht so sehr darin, dass er die Sünde verdammt und den Sünder verurteilt. Sie besteht vielmehr darin, dass er den Sünder rettet, wenn dieser das Gnadenangebot Gottes und die Sündenvergebung im Glauben annimmt. Gottes Gerechtigkeit zeigt sich nicht so sehr im Gericht, sondern vielmehr in seiner Gnade. Dies war die ausschlaggebende Erkenntnis Martin Luthers beim Studium des Römerbriefes: „Denn darin [im Evangelium] wird offenbart die Gerechtigkeit, die vor Gott gilt, welche kommt aus Glauben in Glauben; wie geschrieben steht (Habakuk 2,4): Der Gerechte wird aus Glauben leben."[25]

---

[24] Mk 10,45.
[25] Röm 1,17.

Johannes spricht seine Hörer und Leser des Öfteren mit „Kinder“[26] oder mit „Geliebte“ an. Damit drückt er sein herzliches und väterliches Verhältnis zu seiner Gemeinde aus, will sie aber auch auf wichtige Aussagen hinweisen.

„Nicht sündigen“ gibt Johannes den Gläubigen als Zielvorgabe, deshalb schreibt er ihnen. Dabei mag man sich wieder an den Wandel im Licht und an die Gemeinschaft mit Gott erinnert fühlen. Ein Leben in Sünde und ein Leben in Gemeinschaft mit Gott schließen sich gegenseitig aus, das wird Johannes später noch viel schärfer formulieren. So wirbt er mit aller Deutlichkeit, aber auch mit väterlicher Fürsorge für ein Leben gegen die Sünde und für Gott.

Gleichzeitig sieht er die Sündhaftigkeit der menschlichen Natur und verweist deshalb sofort wieder auf Jesus Christus. „Und wenn jemand sündigt, so haben wir einen Fürsprecher bei dem Vater, Jesus Christus, der gerecht ist. Und er ist die Versöhnung für unsre Sünden, nicht allein aber für die unseren, sondern auch für die der ganzen Welt.“ (2,1.2) Diese Aussage klingt wie ein Echo zum Vers neun in Kapitel eins.

Es ist ein Stilmittel des Johannes, dass er Themen in seinem Brief – manchmal mehrfach – wiederholt. Dabei benutzt er nicht einfach die gleichen Formulierungen, sondern verwendet andere Begriffe und setzt unterschiedliche Akzente. Wieder hebt er die Gerechtigkeit von Jesus Christus hervor, benutzt dann aber andere Begriffe, um dessen Handeln zu beschreiben: Fürsprache beim Vater und Versöhnung für die Sünden. So ergibt sich ein reichhaltiges Panorama für das Erlösungswerk Christi: Vergebung der Sünden, Reinigung von Ungerechtigkeit, Fürsprache beim Vater, Versöhnung für die Sünden der ganzen Welt. Damit klingen viele Aussagen des Neuen Testamentes an.

[26] Johannes benutzt zwei verschiedene griechische Wörter für „Kind.“ Das eine (*teknon*) drückt mehr die emotionale Zuneigung aus, das andere (*paidion*) eher die Abhängigkeit und Unterordnung. Das erste Wort verwendet Johannes hier und an den anderen Stellen in der Verkleinerungsform (*teknia*), was einige Übersetzungen mit „Kindlein“ wiedergeben.

Römer 8,34; 2. Korinther 5,19; Epheser 1,7

Jesus Christus der Gerechte wird nun unser Fürsprecher genannt. Nur der Gerechte kann für unsere Sünden und Ungerechtigkeiten Fürsprache einlegen. Johannes benutzt hier ein Wort, das auch mit Beistand, Anwalt oder Tröster übersetzt werden kann.[27] Allerdings wird dieses Wort im Neuen Testament nur hier auf Jesus Christus bezogen; an drei anderen Stellen jedoch auf den Heiligen Geist.[28] So verheißt Jesus selbst im Johannesevangelium den kommenden Geist als den Fürsprecher: „Und ich will den Vater bitten und er wird euch einen andern Tröster[29] geben, dass er bei euch sei in Ewigkeit."[30] Wenn Jesus den Heiligen Geist den *anderen* Fürsprecher nennt, lässt das die Deutung zu, dass Jesus selbst (auch) Fürsprecher ist, genau wie es Johannes hier bestätigt. Auch im Hebräerbrief wird Jesus als unser himmlischer Hohepriester vorgestellt, der mit uns mitfühlt und mitleidet, für uns eintritt und für uns bittet und den Weg zum Vater frei gemacht hat.[31]

In welchen Lebenslagen hilft dir das Wissen um den göttlichen Fürsprecher und Beistand?

---

[27] Das griechische Wort *parakletos* heißt wörtlich „der Herbeigerufene".
[28] Joh 14,6; 15,26; 16,7.
[29] Nach anderen Übersetzungen: Fürsprecher.
[30] Joh 14,6.
[31] Siehe Hbr 4,14-16; 7,25; 10,19-22.

Jesus beim Vater, der Heilige Geist bei uns: der dreieine Gott ist unser Beistand, Tröster und Fürsprecher! Ist es nicht ein tröstliches und ermutigendes Wissen, dass der große allmächtige Gott als unser Fürsprecher auf unserer Seite steht?

Zum Nachsinnen und Weiterdenken

Jesus betet für seine Jünger:

Ich habe ihnen dein Wort gegeben. Die Welt hasst sie, weil sie genau wie ich nicht zur Welt gehören. Ich bitte dich nicht, dass du sie aus der Welt herausnimmst, sondern dass du sie vor dem Bösen bewahrst. Sie gehören genauso wenig zu dieser Welt wie ich.

Reinige sie und heilige sie, indem du sie deine Worte der Wahrheit lehrst. Wie du mich in die Welt gesandt hast, so sende ich sie in die Welt. Und ich gebe mich ganz für sie hin, damit auch sie durch die Wahrheit ganz dir gehören.

Ich bete nicht nur für diese Jünger, sondern auch für alle, die durch ihr Wort an mich glauben werden. Ich bete für sie alle, dass sie eins sind, so wie du und ich eins sind, Vater - damit sie in uns eins sind, so wie du in mir bist und ich in dir bin und die Welt glaubt, dass du mich gesandt hast.

Ich habe ihnen die Herrlichkeit geschenkt, die du mir gegeben hast, damit sie eins sind, wie wir eins sind - ich in ihnen und du in mir, damit sie alle zur Einheit vollendet werden. Dann wird die Welt wissen, dass du mich gesandt hast, und wird begreifen, dass du sie liebst, wie du mich liebst.

Johannes 17,14-23 (Neues Leben. Die Bibel)

Das neue Gebot (2,3-11)

3 Und daran merken wir, dass wir ihn kennen, wenn wir seine Gebote halten.
4 Wer sagt: Ich kenne ihn, und hält seine Gebote nicht, der ist ein Lügner,
und in dem ist die Wahrheit nicht. **5** Wer aber sein Wort hält, in dem ist
wahrlich die Liebe Gottes vollkommen. Daran erkennen wir, dass wir in ihm
sind. **6** Wer sagt, dass er in ihm bleibt, der soll auch leben, wie er gelebt hat.
7 Meine Lieben, ich schreibe euch nicht ein neues Gebot, sondern das alte
Gebot, das ihr von Anfang an gehabt habt. Das alte Gebot ist das Wort, das
ihr gehört habt. **8** Und doch schreibe ich euch ein neues Gebot, das wahr ist
in ihm und in euch; denn die Finsternis vergeht und das wahre Licht scheint
jetzt. **9** Wer sagt, er sei im Licht, und hasst seinen Bruder, der ist noch in der
Finsternis. **10** Wer seinen Bruder liebt, der bleibt im Licht, und durch ihn
kommt niemand zu Fall. **11** Wer aber seinen Bruder hasst, der ist in der
Finsternis und wandelt in der Finsternis und weiß nicht, wo er hingeht; denn
die Finsternis hat seine Augen verblendet.

Johannes führt ein neues Thema ein, das er hier bearbeitet und später noch vertiefen wird: das Halten der Gebote. Dieses Halten der Gebote setzt er in Beziehung zu der Erkenntnis Gottes. Damit spielt er wieder auf seine Gegner an, die Gnostiker. Erkenntnis (*gnosis*), so deren Meinung, könne entweder durch Mystik und Ekstase oder durch Vernunft und Einsicht gewonnen werden. Demgegenüber stellt Johannes heraus, dass es dabei um eine Beziehung zwischen Gott und Mensch geht, die sich im Halten der Gebote äußert.

Im zwischenmenschlichen Bereich ist es gut nachvollziehbar, dass wir einen Menschen erst dann richtig kennenlernen, wenn wir eine Beziehung zu ihm eingehen, etwa in einer Freundschaft oder Partnerschaft. Mit Gott ist das offensichtlich ganz ähnlich. Johannes knüpft an die alttestamentliche Vorstellung an, dass es beim Erkennen Gottes um eine lebendige und aktive Beziehung zwischen Mensch und Gott geht. Dafür verwendet das Altes Testament häufig das Bild des *Bundes*: Gott schließt einen Bund mit den

Menschen und verheißt ihnen seine Gegenwart, seine Führung und seinen Segen. Der Mensch wird seinerseits verpflichtet, Gott treu zu bleiben und seine Gebote zu halten.

Was empfindest du bei der Forderung, die Gebote Gottes zu halten?

Manchmal empfinden Menschen das Halten der Gebote Gottes als belastend, als Zwang oder gar als Zumutung. Das kann darin begründet sein, dass Gott ihnen in ihrer religiösen Erziehung als fordernd vermittelt wurde und die Gebote als Verbote und Einschränkungen dargestellt wurden. Vielleicht sehen manche diese Forderungen als lebensfeindlich an oder sie meinen, durch das Halten der Gebote Gott gefallen zu müssen.

Johannes macht deutlich, dass das Halten der Gebote eine ganz natürliche Folge der Gottesbeziehung ist. Das präzisiert er nun noch, indem er von *dem*[32] alten und neuen Gebot spricht.

Es ist das eine Gebot, das alt und bekannt ist, es ist das Wort, das die Gläubigen seit Beginn der christlichen Überlieferung gehört haben, das sie mit dem Beginn ihres Glaubens angenommen haben. Es ist das alte Evangelium, die Botschaft über Jesus Christus und die Verkündigung Jesu selbst.

Gleichzeitig ist es ein neues Gebot. Bei dieser Formulierung denkt man sofort an die Worte Jesu, die er an seine Jünger gerichtet hatte und die uns Johannes in seinem Evangelium überliefert hat.

[32] In den Versen 3 und 4 steht Plural, *die* Gebote; in den Versen 7 und 8 steht Singular, *ein* Gebot.

Johannes 13,34; 15,12-17

Dieses Liebesgebot ist einerseits kein neues Gebot, weil das Gebot der Gottes- und Nächstenliebe schon im Alten Testament angeordnet war.[33] Es ist auch kein neues Gebot, weil es die Hauptlehre Christi ist und von Anfang an gelehrt wurde.

Es ist aber doch ein neues Gebot, weil Jesus Christus damit das ganze Gesetz und die Propheten zusammengefasst hat.[34] Es ist ein neues Gebot, weil es sich jetzt in Jesus Christus und seinen Nachfolgern erfüllt hat, weil „es wahr ist in ihm und in euch". Und es ist ein neues Gebot, weil Johannes es ganz konkret auf die Bruderliebe[35] anwendet und mit dem „Wandel im Licht" verbindet. So geht Johannes fast nahtlos vom Halten der Gebote zum Liebesgebot über.

In welchem Verhältnis steht für dich das Halten der Gebote und des ganzen Wortes Gottes zum Gebot der Liebe?

Man kann sich die Beziehung zwischen den Geboten und dem *einen* Gebot mit der Anordnung in einer Pyramide vorstellen: das eine (Doppel-)Gebot der Liebe zu Gott und den Menschen gliedert sich auf in die zehn Gebote und

[33] Siehe 5 Mo 6,5 und 3 Mo 19,18.
[34] Siehe Mt 22,36-40.
[35] Im Text ist wörtlich vom „Bruder" die Rede; nach dem neutestamentlichen Gemeindeverständnis ist die Schwester selbstverständlich mitgedacht. Deshalb kann man auch von der Geschwisterliebe sprechen.

diese wiederum in die vielen Gebote und Anordnungen des Wortes Gottes im Alten und Neuen Testament.[36]

Je mehr wir uns nach unten, zur Basis dieser Pyramide bewegen, desto konkreter wird das Leben und das Verhalten der Gläubigen beschrieben: all die Gebote, Regeln und Anweisungen, die für die Beziehung zu Gott und das Leben in der Nachfolge ausschlaggebend sind. Je mehr wir uns nach oben, zur Spitze bewegen, desto mehr wird der Sinn und der Geist der Gebote erreicht, die Liebe!

Nur nach unten betrachtet bleiben die Gebote in Gesetzlichkeit und Pflichterfüllung stecken. Mit dem ausschließlichen Blick auf die Spitze kann das Liebesgebot theoretisch und unkonkret bleiben.

Diese Pyramide ist nur als Ganzes ein stabiles Gebäude; das Wort und die Gebote Gottes werden nur im Liebesgebot erfüllt. Das alte und das neue Gebot sind eins.

---

[36] Diese Darstellung ist übernommen und adaptiert von Thompson, Alden: Inspiration, Friedensau: Theologische Hochschule Friedensau, 1998, 120-122.

Johannes benutzt noch eine andere Formulierung, um zu beschreiben, was aus der Beziehung mit Gott folgt: wer in ihm bleibt, soll auch so leben, wie Christus gelebt hat. Das *Bleiben* kommt bei Johannes in seinem Evangelium und in den Briefen über 60 Mal vor und ist bei ihm der Ausdruck für das Leben der Nachfolger Jesu. Dieses Bleiben in Gott meint aber nicht nur eine gedankliche Verbindung und erst recht nicht nur ein Lippenbekenntnis, sondern erweist sich im Leben des Christen, das sich am Leben Jesu orientiert.

Was bedeutet es für dich konkret, so zu leben wie Christus gelebt hat?

Für manche Gläubige, vor allem in den Anfängen des Christentums, bedeutete dies: in der Wüste oder der Einsamkeit zu leben, als Wanderprediger umherzuziehen oder – wie Franz von Assisi – konsequent in Armut und Bedürfnislosigkeit zu leben.

Johannes denkt hierbei sicherlich an das Leben der Liebe: er spricht seine Leser mit „Geliebte“ an, schreibt vom Liebesgebot Jesu und wendet es schließlich konkret auf die Geschwisterliebe an. In diesem Leben der Liebe ist uns Jesus Christus Vorbild und Maßstab geworden, an diesem Leben erkennen wir, dass wir in Gott bleiben.

Mit dem erneuten Aufgreifen der Lichtmetapher schließt Johannes einen kleinen gedanklichen Kreis. In Kapitel 1,5-7 hatte er das Licht mit Gott identifiziert und den Wandel im Licht mit der Gemeinschaft mit Gott gleichgesetzt. Jetzt erfüllt sich das Leben im Licht in der Geschwisterliebe, und damit zieht Johannes indirekt folgende Konsequenz, die er später noch ausführen wird: Gemeinschaft und Liebe zu Gott vollziehen sich in der Gemeinschaft und Liebe zum Mitmenschen.

Über ein so verstandenes und gelebtes Christsein, über ein solches Leben im Bewahren des Wortes und Halten des Liebesgebotes steht das Gütesiegel: in dem ist die Liebe Gottes vollkommen. Ein eindrucksvolles Zeugnis und eine großartige Verheißung!

Wie empfindest du, wenn über dein Christenleben gesagt wird: in ihm/ihr ist die Liebe Gottes vollkommen?

Die Liebe Gottes ist, wie man auch übersetzen kann, vollendet; oder noch besser: sie ist zu ihrem Ziel gekommen. Wer Gemeinschaft mit Gott pflegt, und in ihm bleibt; wer sein Wort bewahrt und das Liebesgebot vor Augen hat, in dem ist die Liebe Gottes an ihr Ziel gekommen. In einem solchen Christenleben wird sichtbar, was die Liebe Gottes getan hat und was sie zu tun vermag.

Zum Nachsinnen und Weiterdenken

Ethik

Christus lehrt keine abstrakte Ethik,

die – koste es was es wolle – durchgesetzt werden müsste.

Christus war nicht wesentlich Lehrer, Gesetzgeber,

sondern Mensch, wirklicher Mensch wie wir.

Er will darum auch nicht, dass wir in erster Linie

Schüler, Vertreter und Verfechter einer bestimmten Lehre seien,

sondern Menschen, wirkliche Menschen vor Gott.

Christus liebte nicht wie ein Ethiker

eine Theorie über das Gute,

sondern er liebte den wirklichen Menschen.

Dietrich Bonhoeffer[37]

[37] Weber 2008, 37.

Den Vater erkennen (2,12-17)

12 Liebe Kinder, ich schreibe euch, dass euch die Sünden vergeben sind um
seines Namens willen. **13** Ich schreibe euch Vätern; denn ihr kennt den, der
von Anfang an ist. Ich schreibe euch jungen Männern; denn ihr habt den
Bösen überwunden. **14** Ich habe euch Kindern geschrieben; denn ihr kennt
den Vater. Ich habe euch Vätern geschrieben; denn ihr kennt den, der von
Anfang an ist. Ich habe euch jungen Männern geschrieben; denn ihr seid
stark und das Wort Gottes bleibt in euch, und ihr habt den Bösen
überwunden. **15** Habt nicht lieb die Welt noch was in der Welt ist. Wenn
jemand die Welt lieb hat, in dem ist nicht die Liebe des Vaters. **16** Denn alles,
was in der Welt ist, des Fleisches Lust und der Augen Lust und hoffärtiges
Leben, ist nicht vom Vater, sondern von der Welt. **17** Und die Welt vergeht
mit ihrer Lust; wer aber den Willen Gottes tut, der bleibt in Ewigkeit.

Johannes spricht hier seine Gemeinde wieder mit „Kinder" an, wie er das schon vorher[38] getan hatte. Das macht er in diesem Abschnitt zwei Mal und drückt damit seine herzliche Verbundenheit und seine väterliche Fürsorge aus.

Fühlst du dich auch als „Kind" angesprochen? Was drückt eine solche Anrede für dich aus?

Während Johannes mit der Anrede „Kinder" offensichtlich die ganze Gemeinde meint, spricht er noch zwei besondere Gruppen innerhalb der Gemeinde an, die Jüngeren und die Älteren. Dabei fällt auf, dass die Verse 12, 13 und der Vers 14 sehr ähnlich, ja fast gleichlautend sind. Allerdings

[38] Kap. 2,2.

wechselt Johannes seine Erzählzeit: „Ich schreibe – ich habe geschrieben."[39] Mit dieser (leicht abgewandelten) Wiederholung verstärkt er offensichtlich seine Aussage; es scheint ihm besonders wichtig zu sein, was er den Gruppen in seiner Gemeinde zu sagen hat. Er möchte die Gläubigen ermutigen und stärken; er möchte ihnen etwas zusprechen und sie vergewissern; er schreibt ihnen, was ihren Glauben ausmacht und wie sie ihn erfahren.[40]

Es tut gut, wenn man – gerade in Krisen – im Glauben ermutigt wird. Hast du Menschen, die das für dich tun? Kannst du die Zusagen durch Johannes annehmen?

Den „Vätern", d. h. den Älteren oder auch Erfahreneren in der Gemeinde sagt Johannes zu, dass sie den kennen, der von Anfang ist. In dieser Formulierung klingt der Prolog seines Briefes an: „Was von Anfang an war" (1,1) und weist damit auf den präexistenten Christus hin.

Den jüngeren Männern, wobei eher an Menschen mittleren Alters zu denken ist, wird attestiert, dass sie den Bösen besiegt haben. Das wird mit ihrer Stärke und der Verbindung mit dem Wort Gottes begründet.

---

[39] Es gibt viele Erklärungsversuche, warum Johannes die Erzählzeit wechselt und was er damit ausdrücken will. Bisher hatte er sein eigenes Schreiben im Präsens ausgedrückt, ab hier tut er es im Präteritum. Höchstwahrscheinlich handelt es sich um ein Stilmittel: „Als Effekt resultiert aus der variierten Wiederholung, die den Eindruck des Feierlichen, Dokumentarischen erweckt, eine Verstärkung der Sachaussage..." (Klauck 1991, 131f.)

[40] Dabei kann die Begründung in den Nebensätzen jeweils mit „dass" oder „weil" eingeleitet werden.

Den Kindern, also der ganzen Gemeinde, wird bestätigt, dass ihre Sünden vergeben sind und dass sie den Vater kennen. Das scheint auf den ersten Blick nicht zusammenzugehören. Doch ist es nicht das Wesen des himmlischen Vaters, dass er um seines Sohnes Jesus Christus willen den Menschen die Sünden vergibt? Den Vater erkennen heißt, ihn als liebenden und vergebenden Gott erkennen.

Wie kennst du den himmlischen Vater?

Sawat war nach Bangkok gekommen, um der Stumpfsinnigkeit des Dorflebens zu entfliehen. Er fand ein aufregendes Leben und war bald sehr beliebt, als er durch seine Geschäfte reich geworden war. Doch dann nahm alles eine rasche Wende. Ein Unglück kam zum andern: er wurde beraubt, und dann auch noch verhaftet, als er sich wieder hocharbeiten wollte. Alles ging schief. Schließlich lebte er in einer Baracke auf dem städtischen Müllgelände.

In dieser Situation erinnerte er sich an seine Familie. Ihm fielen die Abschiedsworte seines Vaters wieder ein: „Ich warte auf dich." Ob sein Vater, ein einfacher Christ in einem kleinen Dorf, immer noch auf ihn wartete? Würde er ihn, nach all dem, was geschehen war, wieder aufnehmen? Sein Leben hatte Schande über seine Familie gebracht. Schließlich schrieb er einen Brief: „Lieber Vater, ich möchte nach Hause kommen, aber ich weiß nicht, ob du mich noch aufnehmen wirst. Ich habe gesündigt, bitte vergib mir. Am Samstagabend werde ich in dem Zug sitzen, der durch unser Dorf fährt.

Wenn du immer noch auf mich wartest, hänge bitte ein Stück Stoff in den Baum, der vor unserem Haus steht."

Während der Zugfahrt dachte er über sein Leben nach und wusste, dass sich sein Vater völlig zu Recht weigern konnte, ihn wieder aufzunehmen. Er hatte Angst. Was sollte er tun, wenn kein Stück Stoff im Baum hing? Schließlich konnte Sawat die Spannung nicht länger ertragen und erzählte einem Mitreisenden die ganze Geschichte. Als sie ins Dorf einfuhren, sagte er zu ihm: „Ich kann einfach nicht hinsehen. Können Sie für mich Ausschau halten?" Sawat vergrub sein Gesicht zwischen den Händen. „Können Sie es sehen? Das Haus mit dem Baum?" „Junger Mann, Ihr Vater hat nicht nur ein Stück Stoff aufgehängt, er hat den ganzen Baum mit weißen Stoffstücken behängt!" Sawat traute seinen Augen nicht. Dort stand der Baum, ganz in weiß gehüllt, und vor dem Haus tanzte sein Vater hin und her und schwenkte voller Freude ein Stück weißen Stoffs. Als der Zug anhielt, lief er seinem Sohn mit ausgebreiteten Armen entgegen und rief unter Freudentränen: „Ich habe auf dich gewartet!"[41]

So ist Gott – wie ein liebender Vater! Jesus hatte eine ganz ähnliche Geschichte erzählt, das Gleichnis vom liebenden Vater. In dieser Erzählung handelt der Vater beiden Söhnen gegenüber gleichermaßen liebevoll: dem „verlorenen" Sohn gegenüber, der den Vater verlassen hatte und dem daheim gebliebenen Sohn gegenüber, der die Liebe des Vaters nie richtig begriffen hatte. Den Vater erkennen heißt, ihn als liebenden und vergebenden Gott erkennen.

Lukas 15,11-32; Römer 8,31-39

---

[41] Nach McClung 1987, 35.36.

Nachdem Johannes den Gläubigen zugesagt hatte, was sie sind und haben und ihren Glauben bestätigt hatte, führt er nun Ermahnungen und Warnungen an. In den folgenden Versen stellt er die Beziehung der Gläubigen zu Gott und zur Welt diametral gegenüber, beides schließt sich gegenseitig aus. Dabei zeichnet er offensichtlich ein negatives Bild von Welt.

Was verbindest du mit dem Begriff „Welt"? Verbindest du Welt eher mit positiven oder negativen Empfindungen?

Im Laufe der Geschichte hat die christliche Kirche unterschiedliche Positionen der Welt, der Gesellschaft, gegenüber eingenommen. Ein Interaktionsmodell kann das – etwas vereinfacht – veranschaulichen:

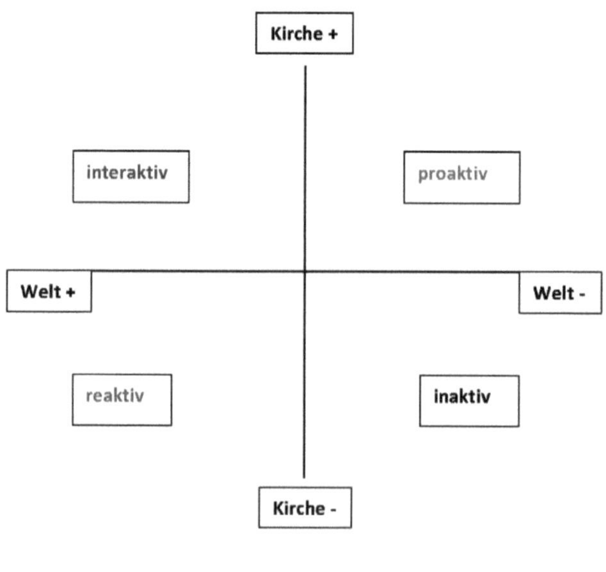

Sieht die Kirche sich selbst als gut an, als von Gott erwählt und begabt und betrachtet sie die Welt als schlecht und bedürftig, wird sie sich *proaktiv* verhalten: sie handelt *für* die Welt - die Kirche gibt, die Welt empfängt.

Hat die Kirche ein negatives Bild von sich, sieht sie sich als kleine Schar, die schwach und hilflos ist und hat sie auch eine negative und distanzierte Sicht der Welt gegenüber, wird sie sich *inaktiv* verhalten und sich von der Welt zurückziehen.

Hat die Kirche aber dieses negative Bild von sich, während sie die Welt positiv ansieht, als groß und reich betrachtet, wird sie nur in einer empfangenden Haltung sein, sich also *reaktiv* verhalten.

Ist aber die Sichtweise von Kirche *und* Welt positiv, kann man sich also „auf Augenhöhe" begegnen, findet eine *Interaktion* statt. Das Verhalten ist von gegenseitigem Geben und Nehmen bestimmt, wobei jeder nehmen kann, was er braucht und dem andern das gibt, was derjenige selbst nicht hat. Ein interaktives Verhältnis nimmt Mensch und Kultur ernst, anerkennt die Bedeutung der Gesellschaft für die Kirche und sieht gleichzeitig das einzigartige Angebot des Evangeliums, das die Kirche der Welt zu machen hat, weil sie es sich nicht selbst geben kann.

Diese vier unterschiedlichen Sicht- und Verhaltensweisen können auch den einzelnen Gläubigen gegenüber der Welt bestimmen. Durch eine positive Einstellung und ein interaktives Verhalten kann der Christ auf der einen Seite die Segnungen der Gesellschaft durch das Gemeinwesen, die Wirtschaft, die Wissenschaft und die Kultur wertschätzen und für sich in Anspruch nehmen. Auf der anderen Seite wird der Gläubige unchristliche Werte und Verhaltensweisen, materialistisches Streben und Gottlosigkeit kritisch beurteilen und verwerfen. Gleichzeitig kann ein Christ selbstbewusst genug sein, um der Welt das zu geben, was sie sich selbst nicht geben kann:

nämlich das Evangelium von Jesus Christus, die Liebe zu Gott und den Menschen und die Hoffnung auf das kommende Reich Gottes.

Johannes wendet sich in den obigen Versen nicht gegen die Welt an sich, denn er kennt auch eine positive Sicht von der Welt; in seinem Evangelium beschreibt er im Prolog die Welt als die gute Schöpfung Gottes. Allerdings hat sich die Welt von Gott abgewandt und hat deshalb das Widergöttliche in sich. Trotzdem liebt Gott diese Welt und will sie retten. Johannes warnt davor, diese negativen Seiten der Welt zu übersehen. Er warnt vor den Werten, Prinzipien und Verhaltensweisen dieser Welt, die dem christlichen Glauben diametral gegenüberstehen. Er warnt vor einer Hingabe an die Welt, vor der Liebe zur Welt, die die Liebe zu Gott sabotiert. Er fordert zu einer Entscheidung auf, die auch Jesus selbst unmissverständlich ausgedrückt hatte: „Niemand kann zwei Herren dienen: Entweder er wird den einen hassen und den andern lieben, oder er wird an dem einen hängen und den andern verachten. Ihr könnt nicht Gott dienen und dem Mammon.“[42]

Johannes zeigt auch – gewissermaßen als Unterstützung für seine Aufforderung – die Konsequenzen auf: die Welt wird einmal vergehen, wer den Willen Gottes tut, wird bleiben.

Tut dir die Verheißung gut, in Ewigkeit zu bleiben? Was verbindest du damit?

[42] Mt 6,24.

Zum Nachsinnen und Weiterdenken

Lass mich in deine Hände fallen!

Vater, ich falle in Deine Hände!
ich falle ins Nichts
und erfahre die Fülle.
Ich falle in Deine Hände!
Sie sind weit wie das Meer,
weit wie das All!
Deine Hände sind mein Zuhause.
Ein Daheim, das die Mauern
nicht kennt.
Niemand kann mich verstoßen
aus der Heimat Deiner Hände!
Und stirbt ein Mensch, den ich liebte,
sinkt er in Deine Hände
und ist geborgen in Dir.

Martin Gutl[43]

---

[43] Gutl 1983, 257.

In ihm bleiben (2,18-29)

18 Kinder, es ist die letzte Stunde! Und wie ihr gehört habt, dass der
Antichrist kommt, so sind nun schon viele Antichristen gekommen; daran
erkennen wir, dass es die letzte Stunde ist. **19** Sie sind von uns
ausgegangen, aber sie waren nicht von uns. Denn wenn sie von uns
gewesen wären, so wären sie ja bei uns geblieben; aber es sollte offenbar
werden, dass sie nicht alle von uns sind. **20** Doch ihr habt die Salbung von
dem, der heilig ist, und habt alle das Wissen. **21** Ich habe euch nicht
geschrieben, als wüsstet ihr die Wahrheit nicht, sondern ihr wisst sie und
wisst, dass keine Lüge aus der Wahrheit kommt. **22** Wer ist ein Lügner, wenn
nicht der, der leugnet, dass Jesus der Christus ist? Das ist der Antichrist, der
den Vater und den Sohn leugnet. **23** Wer den Sohn leugnet, der hat auch den
Vater nicht; wer den Sohn bekennt, der hat auch den Vater. **24** Was ihr
gehört habt von Anfang an, das bleibe in euch. Wenn in euch bleibt, was ihr
von Anfang an gehört habt, so werdet ihr auch im Sohn und im Vater bleiben.
25 Und das ist die Verheißung, die er uns verheißen hat: das ewige Leben.
26 Dies habe ich euch geschrieben von denen, die euch verführen. **27** Und
die Salbung, die ihr von ihm empfangen habt, bleibt in euch, und ihr habt
nicht nötig, dass euch jemand lehrt; sondern wie euch seine Salbung alles
lehrt, so ist's wahr und ist keine Lüge, und wie sie euch gelehrt hat, so bleibt
in ihm. **28** Und nun, Kinder, bleibt in ihm, damit wir, wenn er offenbart wird,
Zuversicht haben und nicht zuschanden werden vor ihm, wenn er kommt. **29**
Wenn ihr wisst, dass er gerecht ist, so erkennt ihr auch, dass, wer recht tut,
der ist von ihm geboren.

In diesem Abschnitt kommt Johannes auf ein Hauptanliegen zu sprechen, das ihm am meisten Sorge bereitet; gleichzeitig betont er eindringlich, wie die Gläubigen dieser Gefahr entgehen können. Dabei wird wieder die typische Struktur des Briefes deutlich: Johannes kreist um die zentralen Begriffe dieses Abschnittes, wiederholt und ergänzt sie und beleuchtet sie von verschiedenen Seiten. Es geht um den Antichristen, um die Lüge und die Leugnung des Christus; demgegenüber betont er die Salbung, die Wahrheit und das Wissen. Zentral ist der Satz: „Wer den Sohn leugnet, der hat auch den Vater nicht“ und die Antithese dazu: „Wer den Sohn bekennt, der hat auch den Vater.“ (2,23)

Johannes weist zuerst darauf hin, dass die Gemeinde in der letzten Stunde, in der Endzeit, lebt und knüpft damit an den vorigen Vers an, wo er über die Vergänglichkeit der Welt gesprochen hatte. Endzeit ist nach neutestamentlichem Verständnis die Zeit zwischen dem ersten und zweiten Kommen Christi: sie begann mit der Himmelfahrt Jesu und erstreckt sich bis zu seiner Wiederkunft.

Diese Zeit ist aber nicht nur durch das frohe Erwarten der Gemeinde bestimmt, sondern auch von der Bedrohung durch antigöttlicher Mächte, die in der (zukünftigen) Person des *Antichristen* gipfelt. Allerdings ist diese Gefahr auch schon gegenwärtig, denn es sind schon viele Antichristusse da. Nur Johannes verwendet diesen Begriff und er erwähnt ihn in seinen Briefen an drei Stellen.[44] Dabei identifiziert er den/die Antichristen auch: Wer Jesus nicht als den Christus, als den Mensch gewordenen Gottessohn anerkennt, wer also den Sohn leugnet, der ist der Antichrist. Diese Irrlehrer sind aus der Gemeinde hervorgegangen, gehörten aber nach dem Urteil des Johannes nie wirklich dazu. Er bezeichnet sie brüsk als Lügner, weil ihre Lehre der Wahrheit, in der die Gemeinde unterwiesen wurde, widerspricht. Johannes zeigt auch die Konsequenzen auf: wer den Sohn leugnet, verliert auch den Vater.

Der Gott der christlichen Gemeinde ist der Gott, den uns Jesus Christus offenbart hat, er ist sein und unser Vater. Deshalb ist (aus christlicher Sicht) Gott nie ohne Jesus Christus zu haben. Unser Gott ist der Vater unseres Herrn Jesus Christus, das ist unser gemeinsames Glaubensbekenntnis als christliche Kirchen und Gemeinden.

[44] Außer im obigen Abschnitt noch in 1 Joh 4,2 und 2 Joh 7.

Was bedeutet es für dich, dass dein Gott der Vater deines Herrn Jesus Christus ist?

Der Verfasser nennt nun drei Dinge, die vor der Gefahr durch die Antichristen schützen und die Gemeinde im Glauben festigen: die Wahrheit bzw. das Wissen, die Salbung und das Bleiben.

Johannes schreibt nicht, um die Gemeinde zu belehren oder sie in der Wahrheit zu unterweisen. Er erinnert sie an die Wahrheit und knüpft an ihr Wissen an. Die Empfänger des 1. Johannesbriefes waren wahrscheinlich Christen der zweiten Generation, die von Aposteln missioniert, von Gemeindeältesten unterwiesen und vielleicht von ihren Eltern im christlichen Glauben erzogen worden waren. Die Wahrheit ist das von Anfang an Gehörte, die christliche Überlieferung, und damit nimmt Johannes auf eine (wenn auch noch kurze) christlichen Tradition Bezug. Er vertraut auf das Wissen und die Erfahrung der Gemeinde und will sie darin bestärken.

Mit der Salbung (oder dem Salböl) ist der Heilige Geist gemeint, der den Gläubigen bei der Taufe verliehen wurde. Johannes verwendet sehr bewusst den Begriff Salbung, weil in der griechischen Sprache die Verwandtschaft zwischen Salbung und Gesalbter (Christus) augenfällig ist.[45] Wenn der Gläubige aufgrund seines Glaubens an Jesus Christus auf den Namen des dreieinen Gottes getauft wird, wird er mit dem Heiligen Geist gesalbt. Der Heilige Geist kommt von Gott, er bleibt bei den Gläubigen und lehrt sie alles. Mit diesen Aussagen über den Heiligen Geist kommt Johannes dem sehr

[45] Salbung = *chrisma*; Gesalbter = *christos*.

nahe, was er in seinem Evangelium als Aussagen Jesu über den Heiligen Geist berichtet hatte: er kommt vom Vater, er lehrt und leitet in die Wahrheit, er ist der Stellvertreter Christi und weist auf ihn hin.[46]

Die Erkenntnis, das Wissen, die Wahrheit, kommen demnach einerseits aus der christlichen Verkündigung und Überlieferung, andererseits aus der persönlichen Belehrung durch den Heiligen Geist.

Was ist für deinen Glauben hilfreicher: die christliche Tradition oder die Führung durch den Heiligen Geist? Wie ließe sich beides miteinander in Einklang bringen?

Schließlich kommt Johannes auf eines seiner Lieblingsthemen zu sprechen: das *Bleiben*. Allein in diesem Abschnitt erwähnt er es sieben Mal, noch häufiger im restlichen Brief und recht oft auch in seinem Evangelium. Am bekanntesten ist wohl die Rede Jesu vom wahren Weinstock, wo die Rebe zum Bleiben am Weinstock aufgefordert wird.

Johannes 6,55-57; 8,30-32; 15,4-7

Hier in unserem Abschnitt beleuchtet der Verfasser das Bleiben von verschiedenen Seiten: das Gehörte bleibt in den Gläubigen (V. 24); die Salbung bleibt in ihnen (V. 27); die Gläubigen bleiben in Christus (V. 27.28) und im Vater (V. 24). Zweifelsohne stehen die verschiedenen Dimensionen

[46] Joh 14,16.17.26; 15,26; 16,13.14.

des Bleibens in einem inneren Zusammenhang, auf den Johannes schon am Anfang des 2. Kapitels hingewiesen hatte: das Bleiben im Wort Gottes, in der verkündigten und gehörten Botschaft ist die Bedingung zum Bleiben in Gott. Nun verbindet er dies noch mit der beständigen Gegenwart des Heiligen Geistes in den Gläubigen und macht damit deutlich, dass die christliche Überlieferung, das verkündigte Wort Gottes und die Belehrung durch den Heiligen Geist einander nicht widersprechen, sondern ergänzen und damit das Bleiben in Gott fördern.

Wie pflegst du das „Bleiben in Gott" ganz praktisch?

Das Wort „bleiben" legt zunächst eine physische Bedeutung nahe: das Verharren in einer Körperhaltung oder das Verweilen in einem Raum. Man kann dabei an eine dauerhafte Gebetshaltung in der Andacht denken oder an den regelmäßigen Besuch einer Kirche. Das Bleiben kann sich auch auf die Zugehörigkeit zu einer Gruppe beziehen, also auf das Bleiben in der Glaubensgemeinschaft einer Kirche oder Gemeinde. Die innere Verbundenheit mit Gott kann sich in bleibenden religiösen Übungen ausdrücken, wie z.B. dem Gebet, dem Bibellesen, dem Gottesdienstbesuch oder der Meditation.

Zum Nachsinnen und Weiterdenken

Gott, ich möchte dich viel totaler erleben,

möchte dich mit meinem ganzen Wesen aufnehmen,

mir nicht mehr zu helfen wissen von deiner überwältigenden Gegenwart …

und dann erfüllt er mir den Wunsch,

nimmt mich weit über Worte hinaus,

überrascht mich und reißt mich mit sich fort.

Meine angestaute Sehnsucht bricht sich Bahn.

Er ist da! Er ist da!

Du bist da!

Deine Gegenwart erschüttert und nimmt mir die Fassung.

Und doch stehe ich dir noch gegenüber.

Ich bin noch ich, die Schöpfung vor dem Schöpfer,

und schenke dir meine Liebe,

so wie ich deine Liebe empfange.

Nichts kann dich begreifen,

nichts kann dich ergreifen.

Du gehst in Wellen durch mich.

Die Begrenzungen meines Körpers

können dich nicht halten.

Wohltuend bin ich durcheinander,

ergriffen und geheilt durch deine Gegenwart.

Ulrich Schaffer[47]

[47] Schaffer 1980, 54.56.

Wir sind Gottes Kinder (3,1-10)

1 Seht, welch eine Liebe hat uns der Vater erwiesen, dass wir Gottes Kinder
heißen sollen - und wir sind es auch! Darum kennt uns die Welt nicht; denn
sie kennt ihn nicht. **2** Meine Lieben, wir sind schon Gottes Kinder; es ist aber
noch nicht offenbar geworden, was wir sein werden. Wir wissen aber: wenn
es offenbar wird, werden wir ihm gleich sein; denn wir werden ihn sehen, wie
er ist. **3** Und ein jeder, der solche Hoffnung auf ihn hat, der reinigt sich, wie
auch jener rein ist. **4** Wer Sünde tut, der tut auch Unrecht, und die Sünde ist
das Unrecht. **5** Und ihr wisst, dass er erschienen ist, damit er die Sünden
wegnehme, und in ihm ist keine Sünde. **6** Wer in ihm bleibt, der sündigt nicht;
wer sündigt, der hat ihn nicht gesehen und nicht erkannt. **7** Kinder, lasst euch
von niemandem verführen! Wer recht tut, der ist gerecht, wie auch jener
gerecht ist. **8** Wer Sünde tut, der ist vom Teufel; denn der Teufel sündigt von
Anfang an. Dazu ist erschienen der Sohn Gottes, dass er die Werke des
Teufels zerstöre. **9** Wer aus Gott geboren ist, der tut keine Sünde; denn
Gottes Kinder bleiben in ihm und können nicht sündigen; denn sie sind von
Gott geboren. **10** Daran wird offenbar, welche die Kinder Gottes und welche
die Kinder des Teufels sind: Wer nicht recht tut, der ist nicht von Gott, und
wer nicht seinen Bruder lieb hat.

Johannes spricht hier davon, was die Gläubigen sind, was sie sein werden und was sie tun sollen. Den Gedanken des In-Gott-Bleibens im vorigen Abschnitt hatte er mit dem Hinweis beendet, dass die Gläubigen von Gott geboren sind. Daran knüpft er nun an, wenn er von der Gotteskindschaft schreibt, deren Grundlage die Liebe Gottes ist. Drei Mal betont er es: „Wir werden Gottes Kinder genannt, wir sind es auch“ (V. 1) und noch einmal: „Wir sind schon Gottes Kinder“. (V. 2) Das unterstreicht er noch emphatisch durch den Ausruf „seht“ und die Anrede „meine Lieben“. Johannes scheint es ganz besonders wichtig zu sein, der Gemeinde die Liebe Gottes zuzusprechen und sie in ihrer Gotteskindschaft zu vergewissern.

Was bedeutet es für dich, Gottes Kind zu sein?

Die Liebe Gottes zu den Menschen, zu einer gefallenen Welt, zu „Sündern und Feinden Gottes“[48] ist die Grundlage der Gotteskindschaft. Die Liebe Gottes gab den Sohn, so dass die Menschen durch den Glauben an Jesus Christus als Kinder Gottes angenommen werden. Diese Kind-Werdung wird deshalb auch mit dem Bild der Geburt umschrieben, die *Neugeburt* oder *Geburt von oben*. Johannes greift hier Gedanken auf, die er schon in seinem Evangelium entfaltet hatte.

Johannes 1,12.13; 3,3-8.16

Eigentlich ist es das Größte und Höchste, Sohn oder Tochter Gottes zu sein. Und doch schreibt Johannes, dass wir etwas sein werden, was noch nicht offenbar geworden ist. Damit ist die Spannung zwischen dem „jetzt schon“ und dem „noch nicht“ in der christlichen Existenz ausgedrückt, die sich immer wieder im Neuen Testament findet: Wir sind schon von der Sünde erlöst, aber wir sind noch nicht endgültig von der Sünde befreit. Das Reich Gottes ist schon angebrochen, aber es ist noch nicht zu uns gekommen. Christus ist schon gegenwärtig durch den Heiligen Geist, aber er ist noch nicht erschienen in Macht und Herrlichkeit. In dieser zukünftigen Existenz werden die Gläubigen Gott gleich (oder „ähnlich“) sein. Die Lebensgemeinschaft mit Gott durch Jesus Christus und den Heiligen Geist, die sich hier auf Erden

[48] Röm 5,8.10.

schon entfaltet, aber doch noch angefochten und verborgen ist, kommt dann zu ihrem Höhepunkt und sichtbaren Ausdruck: Gott ähnlich! Das wird dadurch möglich, dass wir „ihn sehen, wie er ist“, dass wir seine Herrlichkeit widerspiegeln. Damit verweist uns Johannes auf den kommenden Herrn und auf die vollendete Existenz der Kinder Gottes im Reich Gottes. Die Gewissheit unserer gegenwärtigen Gotteskindschaft wird also ergänzt durch die Hoffnung auf unsere zukünftige Gottesgemeinschaft.

Was bewirkt die Hoffnung auf die zukünftige Existenz in deinem Leben?

Die Gewissheit und die Hoffnung motivieren nun zum christlichen Handeln, sich reinigen. Johannes spricht nicht von einem Sollen oder Müssen, sondern sieht dieses Handeln als logische Folge an. Es ist richtig, dass im Neuen Testament der Imperativ dem Indikativ folgt. Erst wird betont, was wir sind und haben und dann wird gesagt, was wir sein und tun sollen. Und doch ist dieser Imperativ kein erzwungenes Tun, sondern die Konsequenz aus dem Leben mit Gott.

„Wer glaubend die Gotteskindschaft und die darin enthaltene Hoffnung erfährt, wird sein Leben so gestalten, dass sich das ihm verliehene Gottesleben immer mehr seiner Vollendung nähert und damit die Gottähnlichkeit an ihm immer strahlender hervortritt.“[49]

Das Reinigen (oder „heiligen“) wird nun von Johannes konkret auf das Verhältnis zur Sünde angewandt. Damit greift er ein Thema auf, das er

[49] Lotz 1975, 36.

vorher[50] schon berührt hatte und nun vertieft. Zuerst definiert er Sünde: Sünde ist Unrecht[51] und ein Werk des Teufels. Dann beschreibt er ganz radikal und apodiktisch das Verhältnis der Gläubigen zur Sünde: „Wer in ihm bleibt, sündigt nicht“ (V. 6) und: „Wer aus Gott geboren ist, tut keine Sünde“ (V. 9). Ja, er steigert das noch, wenn er behauptet: „Kinder Gottes können nicht sündigen.“ (V. 9) Das widerspricht offensichtlich unserer Erfahrung - wie ist das gemeint?

Johannes benutzt in diesen Versen eine grammatikalische Sprachform, die das andauernde und gewohnheitsmäßige Sündigen meint. Während er in Kapitel 2,1 das gelegentliche Sündigen aus Schwachheit meinte, spricht er hier von der Sünde als Existenzweise und Lebensart. Mit Gott leben und mit der Sünde leben schließen sich gegenseitig aus. Zugespitzt formuliert: Entweder ist der Mensch ein Kind Gottes und sündigt nicht, oder er ist ein Kind des Teufel und lebt in der Sünde. Die Sünde als ein Werk des Teufels ist aber von Jesus Christus zerstört worden, so dass der Gläubige nicht mehr unter dieser Macht lebt und nicht mehr sündigen muss. Mehr noch, er kann gar nicht sündigen, denn er ist aus Gott geboren. Das Kind Gottes, das die Liebe des Vater erfahren hat, der Christ, der um das Opfer seines Herrn der Sünde wegen weiß, der Gläubige, der in ständiger Gemeinschaft mit Gott lebt, kann mit der Sünde nichts mehr gemein haben. Wer auf der Seite dessen lebt, in dem keine Sünde ist (V. 5) und der sie uns immer wieder vergibt (1,9; 2,1), empfängt das Nicht-sündigen-Können als eine Gabe Gottes und schreibt es nicht der eigenen Leistung zu.[52]

Römer 6,1.2.7.15-18

[50] Kap. 1,8-2,2.
[51] *Anomia* kann auch mit „Gesetzwidrigkeit“ oder „Gesetzlosigkeit“ übersetzt werden.
[52] Dies taten die Gegner des Johannes (die Gnostiker), die meinten, selbst sündlos zu sein.

In seiner typischen Art, sogenannte Antithesen zu formulieren, stellt Johannes nun der negativen Aufforderung, nicht zu sündigen und kein Unrecht zu tun, die positive gegenüber, nämlich recht zu tun bzw. die Gerechtigkeit zu tun (V. 7).

Was heißt „recht tun“ für dich ganz praktisch?

„Tue recht und scheue niemand“ lautet die volkstümliche und auch manchmal etwas verniedlichende Forderung nach einem gut-bürgerlichen, nach einem „richtigen“ Leben. Menschliches Zusammenleben in Familie, Nachbarschaft und Gesellschaft ist ohne ein Mindestmaß an ethischem Verhalten nicht möglich. Es ist deshalb nicht verwunderlich, dass erst recht die Gläubigen zu einem sittlichen Leben aufgefordert werden. Schon im Alten Testament wird die Gerechtigkeit, das rechte Tun des Menschen, gefordert und Jesus beschreibt die Gerechtigkeit als ein Merkmal des Reiches Gottes.[53] Johannes weist im letzten Vers unseres Abschnittes auf die Bruderliebe hin. Damit deutet er an, was „recht tun“ heißt und bereitet den nächsten Abschnitt vor, der dieses Thema entfaltet.

Zum Nachsinnen und Weiterdenken

Eines Tages werde ich bei dir eintreten

und nur noch in deiner Gegenwart stehen,

[53] Siehe z. B. Mt 5,6.10.20.

vom Wandern müde und aller Belanglosigkeiten satt.

Dann werde ich schuldlos sein

und die volle Freiheit der Kinder Gottes erleben.

Dann werde ich alle meine Verfehlungen abstreifen

wie alte Kleidung.

Dann werde ich wissen, was Heiligkeit ist:

ausgesondert zu sein, dir nahe zu stehen

und das Feuer deiner Reinheit zu überleben.

Bis dahin suche ich hier deine Gegenwart.

Und wenn mich auch die Müdigkeit angreift,

werde ich mich doch auf die Unschuld und Freiheit berufen,

die du deinen Kindern zugesprochen hast.

Und schon hier wächst dein Reich in mir.

Du begegnest mir in mir, breitest dich aus,

gestaltest die Landschaft meines Lebens

nach deinem Willen.

Ich gehe auf die Vollkommenheit zu,

die ich jetzt nur ahnen kann.

Ulrich Schaffer[54]

---

[54] Schaffer 1980, 39.

Gott ist größer als unser Herz (3,11-24)

11 Denn das ist die Botschaft, die ihr gehört habt von Anfang an, dass wir
uns untereinander lieben sollen, **12** nicht wie Kain, der von dem Bösen
stammte und seinen Bruder umbrachte. Und warum brachte er ihn um? Weil
seine Werke böse waren und die seines Bruders gerecht. **13** Wundert euch
nicht, meine Brüder, wenn euch die Welt hasst. **14** Wir wissen, dass wir aus
dem Tod in das Leben gekommen sind; denn wir lieben die Brüder. Wer nicht
liebt, der bleibt im Tod. **15** Wer seinen Bruder hasst, der ist ein Totschläger,
und ihr wisst, dass kein Totschläger das ewige Leben bleibend in sich hat. **16**
Daran haben wir die Liebe erkannt, dass er sein Leben für uns gelassen hat;
und wir sollen auch das Leben für die Brüder lassen. **17** Wenn aber jemand
dieser Welt Güter hat und sieht seinen Bruder darben und schließt sein Herz
vor ihm zu, wie bleibt dann die Liebe Gottes in ihm? **18** Meine Kinder, lasst
uns nicht lieben mit Worten noch mit der Zunge, sondern mit der Tat und mit
der Wahrheit. **19** Daran erkennen wir, dass wir aus der Wahrheit sind, und
können unser Herz vor ihm damit zum Schweigen bringen, **20** dass, wenn
uns unser Herz verdammt, Gott größer ist als unser Herz und erkennt alle
Dinge. **21** Ihr Lieben, wenn uns unser Herz nicht verdammt, so haben wir
Zuversicht zu Gott, **22** und was wir bitten, werden wir von ihm empfangen;
denn wir halten seine Gebote und tun, was vor ihm wohlgefällig ist. **23** Und
das ist sein Gebot, dass wir glauben an den Namen seines Sohnes Jesus
Christus und lieben uns untereinander, wie er uns das Gebot gegeben hat. **24**
Und wer seine Gebote hält, der bleibt in Gott und Gott in ihm. Und daran
erkennen wir, dass er in uns bleibt: an dem Geist, den er uns gegeben hat.

Dieser Abschnitt bildet eine Einheit und wird von der Aufforderung, einander zu lieben, eingerahmt und abgegrenzt (V. 11 und V. 23). Das Liebesgebot ist das zentrale Anliegen, das schon im letzten Vers des vorigen Abschnitts mit dem Hinweis auf die Bruderliebe angekündigt wurde (V. 10).

Johannes nennt das Liebesgebot die „Botschaft, die ihr von Anfang an gehört habt“ (V. 11). Zu Beginn seines Briefes benutzte er eine ganz ähnliche Wendung: die „Botschaft, die wir gehört haben und euch verkündigen“ heißt Gott ist Licht (1,5). Licht und Nächstenliebe scheinen hier verknüpft zu werden, und in der Tat findet sich noch eine dritte Formulierung, die ähnlich klingt: Das „Wort, das ihr gehört habt“ lautet „wer seinen Bruder liebt, der bleibt im Licht.“ (2,10)

Damit greift Johannes in diesem Abschnitt etliche Stichworte und Themen wieder auf, die er schon erwähnt oder sogar ausgeführt hatte. Liebe, Leben und Tod fallen dabei besonders ins Auge.

Die menschlichen Grunderfahrungen Liebe, Leben und Tod werden vielfach in Literatur und Dichtung verarbeitet. Verbindest du Liebe eher mit Leben oder Tod?

Johannes verbindet hier Liebe mit Leben und Tod – aber auf ganz gegensätzliche Weise. In seiner typischen Art stellt er nun gegenüber: Liebe, Licht, Gerechtigkeit und Leben auf der einen Seite; Hass, Bosheit, Finsternis und Tod auf der anderen Seite. Diesen Kontrast verstärkt er mit dem Hinweis auf die alttestamentliche Geschichte vom Mord Kains an seinem Bruder Abel.[55] Mit drastischen Worten beschreibt Johannes diese ruchlose Tat und begründet sie mit Kains Bosheit. Hass und Bosheit führen dazu, anderen das Leben zu nehmen; die Liebe ist bereit, das eigene Leben zu geben (V. 16). Mehr noch: der Hass dem Mitmenschen gegenüber ist schon wie Mord – diese Aussage erinnert an das Wort Jesu in der Bergpredigt: „Ihr habt gehört, dass zu den Alten gesagt ist …‘Du sollst nicht töten‘; wer aber tötet, der soll des Gerichts schuldig sein. Ich aber sage euch: Wer mit seinem Bruder zürnt,

[55] Siehe 1 Mo 4,1-16.

der ist des Gerichts schuldig…“[56] Aber auch das Umgekehrte gilt: Wer liebt, ist vom Tod in das Leben gekommen. Wer liebt, ist im Leben und für das Leben. Wer liebt, ist aber auch bereit, den Tod um des Mitmenschen willen in Kauf zu nehmen. Damit folgt der Christ letztlich dem Vorbild seines Herrn: „Daran haben wir die Liebe erkannt, dass er sein Leben für uns gelassen hat.“ (V. 16)

Johannes 10,11; 13,34.35; 15,13

Johannes wird nun ganz konkret, in dem er ein Negativbeispiel anführt. Einer hat Geld, der andere hat Not. Wer diese Not sieht und dann sein Herz verschließt, in dem ist keine Liebe. Das Beispiel ist einfach, fast banal, und doch bringt es die Sache auf den Punkt: Wer Not sieht und sich verschließt, also sein Herz verhärtet, „wie bleibt dann die Liebe Gottes in ihm?“ (V. 17) Es wird klar: Die „gelebte Liebe greift in unser tägliches Leben ein. Die Großtat der Lebenshingabe ist nicht das Normale. Gerade auch in der christlichen Liebe geht es um das ‚tägliche Kleingeld‘ der Liebe. Johannes macht das deutlich am Alltäglichen.“[57] Deshalb kann die Konsequenz nur lauten: Lieben in Tat und Wahrheit! Sicherlich ist es einsichtig, nicht nur mit Worten, sondern auch mit Werken zu lieben. Was aber heißt „in Wahrheit“ zu lieben?

Was bedeutet es für dich, „in Wahrheit“ zu lieben?

[56] Mt 5,21.22.
[57] Krimmer 1989, 92.

Wahrheit ist ein Begriff, den Johannes schon des Öfteren erwähnt hatte und den er mit dem Wandel im Licht (1,6.7), mit dem Halten des Wortes und der Gebote Gottes (2,4.5), mit dem Heiligen Geist (2,20.21) und letztlich mit Gott selbst in Verbindung bringt (5,20). Wahrheit ist bei Johannes das Gegenteil von Lüge; Wahrheit ist die rechte christliche Lehre, ist Leben und Handeln gemäß dem Evangelium. Lieben „in Wahrheit" meint also die aufrichtige, tätige Liebe, die dem Wesen Gottes entspricht und der Lehre und dem Vorbild Jesu folgt.[58]

Nachdem Johannes unmissverständlich deutlich gemacht hatte, dass sich wahre Liebe in Tat und Wahrheit erweist, kehrt er die Beweisführung um und macht sozusagen die Gegenprobe. An unserem liebevollen Handeln erkennen wir, dass wir aus der Wahrheit sind, dass wir zu Gott gehören. Damit spricht Johannes den Gläubigen die Gotteskindschaft zu, was für die folgende Aussage sehr bedeutsam ist. Denn er weiß auch um die menschlichen Schwächen und das Versagen. Deshalb spricht er nun ganz einfühlsam und seelsorgerlich von der Anklage des eigenen Herzens. Johannes kennt die menschlichen Sünden und Schwächen, die Lieblosigkeit und das Versagen, das Scheitern trotz guter Absicht. Doch Christen nehmen das nicht einfach so hin, sondern sie leiden darunter; sie hören auf die Stimme ihres Gewissens, ihr Herz klagt sie an.

Hast du erlebt, dass „dein Herz dich anklagt", dass dir dein Gewissen keine Ruhe lässt? Wie gehst du damit um?

[58] Vgl. dazu das „Doppelgebot der Liebe" in Mt 22,36-40.

Ein junger Mann, nennen wir ihn Manfred[59]*, war Mitglied in einer christlichen Gemeinde. Eines Tages hörte ich, dass er einen Suizidversuch unternommen hatte. Die Nachricht traf mich wie ein Schock, war er doch ein gläubiger und engagierter Christ. Ich besuchte ihn in der Klinik, wir redeten miteinander und ich betreute ihn seelsorgerlich über eine längere Zeit. Er erzählte mir seine Geschichte: Er war in einem christlichen Elternhaus aufgewachsen, wurde streng erzogen und hatte Gott vor allem als einen fordernden Gott kennengelernt. Diesem Anspruch wollte er sich stellen: so wurde er Mitglied in der Kirche, engagierte sich in seiner Gemeinde und im Missionsdienst und ging sogar als Laienmissionar ins Ausland. Dabei hatte er immer das Gefühl, dass dies nicht genug für Gott sei. So tat er noch mehr, arbeitete noch länger, verzehrte sich geradezu im Dienst. Er wollte diesem Gott nahe kommen und verwendete viel Zeit für Andacht und Gebet. Dafür stand Manfred früh auf und verbrachte eine Stunde, manchmal mehr, in seiner Gebetszeit. Doch noch immer hatte er das Empfinden: „Ich tue nicht genug, ich bin nicht gut genug!" Er klagte sich selbst an, fand keine Ruhe, war ein Getriebener, bis er schließlich keinen Ausweg mehr sah. - Wir sprachen viel über Gott, über sein Gottesbild und seine Glaubensvorstellungen. Wir lasen den 1. Johannesbrief miteinander, und die liebevolle und seelsorgerliche Art des Johannes tat Manfred gut. Ein besonderes Gewicht legte ich auf unseren Text: „Wir können unser Herz vor ihm damit zum Schweigen bringen, dass, wenn uns unser Herz verdammt, Gott größer ist als unser Herz und erkennt alle Dinge." Das war genau Manfreds Problem: Nicht Gott klagte ihn an, nicht Gott forderte von ihm, denn Gott hatte ihm schon längst vergeben. Nein, er selbst konnte sich nicht vergeben, seine eigenen Ansprüche an sich waren unermesslich, er kam über sein tatsächliches oder scheinbares Versagen nicht hinweg. Da war es für ihn eine erlösende und befreiende Botschaft: „Gott ist viel größer als dein Herz, Manfred. Deshalb kannst du vor Gott auch*

[59] Namen und äußere Umstände sind geändert.

dein Herz zum Schweigen bringen. Es darf dich nicht länger anklagen. Gott kennt alle Dinge, er kennt auch dich. In diesem Gott kannst du Ruhe finden." Manfred konnte diese Zusage des Johannes annehmen, sein Herz wurde still, er fand Ruhe in Gott. Er wurde seelisch und geistlich gesund, engagierte sich auch weiterhin als Christ in seiner Gemeinde, aber mit innerer Ruhe und Gelassenheit durch die Geborgenheit in Gott.

Wir können unser Herz „vor ihm" zur Ruhe bringen. Wir tun das nicht aus uns heraus, sondern in dem Bewusstsein, was Gott *für* uns und *in* uns tut. In dem Bewusstsein, dass Gott alles kennt und weiß, auch unser innerstes Wesen und unsere Beweggründe. Und in der Gewissheit, dass Gott groß, gnädig und barmherzig ist.

Martin Luther hatte es sehr treffend ausgedrückt: „Unser Gewissen ist um viele Grade kleiner als unser Gott. Gegen das böse Gewissen sollst du sagen: du bist ein einziges Tröpflein, Gott ist ein grenzenlosen Feuer, das jenes verzehrt. Keine Sünde ist größer als die Ungläubigkeit, weil sie nicht glauben an mich (Jo 16,9). Allein die Ungläubigkeit hat nicht Vergebung, weil sie streitet gegen die Vergebung der Sünden, die alle Vergebung finden. Vortrefflich ist die Aussage und eine süßeste Verheißung. ‚Wenn uns verklagt': Überwindet etwa deine Bosheit Gottes Güte, überwiegen deine Sünden Gottes Gnade? Diese Ehre ist Gott zu geben, dass Gott um unendliche Grade größer ist … Gott ist größer als mein Herz, er selbst erkennt alles und weiß, wo ich aus soll … er kennt den Frieden und bewirkt die Ruhe des Herzen für dich in dieser Verurteilung des Herzen."[60]

Wenn wir so bei Gott Vergebung und Frieden gefunden haben, wenn wir beim Herrn zur Ruhe gekommen sind, wenn uns also deshalb unser Herz nicht mehr verklagt, ja nicht mehr verklagen kann, dann haben wir „Zuversicht zu Gott." (V. 21)

[60] Martin Luther, WA XX, 716f. R., zitiert bei de Boor 1978, 99, Fußnote 147.

Römer 5,1.2; Epheser 3,11.12; Hebräer 4,14-16

Zuversicht, auch Freimut oder Freimütigkeit, ist der offene, freudige und vertrauensvolle Zugang als ein Kind zum himmlischen Vater. Dieses zuversichtliche Kommen zu Gott zeigt sich nun besonders am Gebet. Wenn wir in dieser Haltung zu Gott kommen, „werden wir von ihm empfangen, was wir bitten". (V. 22) Johannes erinnert uns damit an Verheißungen, die Jesus selbst gegeben hatte: „Bittet, so wird euch gegeben"[61] oder „alles, was ihr bittet im Gebet, wenn ihr glaubt, so werdet ihr's empfangen."[62] Johannes benennt das rechte Tun und Halten der Gebote jedoch nicht so sehr als Bedingung, sondern vielmehr als Begründung. Wer in Gemeinschaft mit Gott lebt, wer mit seinem Willen übereinstimmt, wer nach seinem Willen bittet, der wird empfangen. Auch das entspricht der Lehre Jesu zum rechten Beten: „Dein Wille geschehe."[63]

Am Ende dieses Abschnittes schließt Johannes den gedanklichen Kreis und kommt noch einmal auf das Liebesgebot zurück. Sprach er soeben von den Geboten, bringt er es jetzt auf den Punkt: es gibt eigentlich nur *ein* (Doppel-) Gebot, nämlich glauben und lieben! Glaube an Jesus Christus und Liebe untereinander. Wer so glaubt und so liebt, wie es uns geboten ist, der lebt als Kind Gottes, der lebt in inniger Gemeinschaft mit Gott, „der bleibt in Gott und Gott in ihm." (V. 24)

[61] Mt 7,7.
[62] Mt 21,22.
[63] Mt 6,10.

Zum Nachsinnen und Weiterdenken

Zusage

Du brauchst nicht das Unmögliche möglich zu machen

du brauchst nicht über deine Möglichkeiten zu leben

du brauchst dich nicht zu ängstigen

du brauchst nicht alles zu tun

du brauchst keine Wunder zu vollbringen

du brauchst dich nicht zu schämen

du brauchst nicht zu genügen

du brauchst Erwartungen an dich nicht zu entsprechen

du brauchst keine Rollen zu spielen

du brauchst nicht immer kraftvoll zu sein

und du brauchst nicht alleine zu gehen

Andrea Schwarz[64]

---

[64] Quelle: http://www.dekanatsfrauen.de/textarchiv.html; Zugriff am 20.11.2013.

Wir sind aus Gott (4,1-6)

1 Ihr Lieben, glaubt nicht einem jeden Geist, sondern prüft die Geister, ob sie
von Gott sind; denn es sind viele falsche Propheten ausgegangen in die Welt.
2 Daran sollt ihr den Geist Gottes erkennen: Ein jeder Geist, der bekennt,
dass Jesus Christus in das Fleisch gekommen ist, der ist von Gott; **3** und ein
jeder Geist, der Jesus nicht bekennt, der ist nicht von Gott. Und das ist der
Geist des Antichrists, von dem ihr gehört habt, dass er kommen werde, und
er ist jetzt schon in der Welt. **4** Kinder, ihr seid von Gott und habt jene
überwunden; denn der in euch ist, ist größer als der, der in der Welt ist. **5** Sie
sind von der Welt; darum reden sie, wie die Welt redet, und die Welt hört sie.
6 Wir sind von Gott, und wer Gott erkennt, der hört uns; wer nicht von Gott
ist, der hört uns nicht. Daran erkennen wir den Geist der Wahrheit und den
Geist des Irrtums.

Johannes beginnt diesen Abschnitt wieder einmal mit der Anrede „Geliebte“ und macht damit auf ein besonderes Anliegen aufmerksam. Es geht um die Unterscheidung der Geister, denn es gibt auch falsche Geister und Propheten. Nicht jeder Geist ist von Gott, aber der Geist Gottes ist uns gegeben, damit wir weise unterscheiden können. Das war die Zusage in dem Vers zuvor: Er hat uns seinen Geist gegeben (3,24).

In seiner typische Art greift Johannes damit ein Thema auf, das er schon im Kapitel zwei behandelt hatte: die Bedrohung der Gemeinde durch den Antichristen, durch falsche Lehrer und Propheten.[65] Das Kommen *des* Antichristen ist noch zukünftig (2,18a), doch der Geist des Antichristen (4,3) und die vielen Antichristen (2,18b) sind schon am Wirken. Die Begriffe in diesem Abschnitt *Geist des Antichrists*, *falsche Propheten* (4,1), *der in der Welt* (4,4) und *Geist des Irrtums* (4,6) sind gleichbedeutend. Deshalb fordert Johannes seine Gemeinde auf, nicht jedem Geist zu vertrauen, sondern sorgfältig zu prüfen.

---

[65] 1 Joh 2,18-23.

Wie kann die christliche Gemeinde heute die „Geister prüfen"? Wie kann der wahre vom falschen Geist unterschieden werden?

Die Fähigkeit, die „Geister zu unterscheiden" ist eine Gabe, die der Geist Gottes gibt. Deshalb hatte Johannes den Gläubigen zugesagt, dass ihnen der Geist gegeben ist (3,24) und das Salböl in ihnen bleibt (2,20.27). Mehr noch: Der Geist, der den Gläubigen gegeben ist, der *in* ihnen ist, „ist größer als der in der Welt" (4,4). Weiterhin hat die Gemeinde die Wahrheit, das Wissen, die überlieferte Botschaft, also das Wort Gottes (2,21.24.)

Matthäus 7,15-23; 1. Korinther 12,10; Apostelgeschichte 17,11

Das besondere Unterscheidungskennzeichen ist jedoch, dass Jesus als der Mensch gewordene Gottessohn anerkannt und bezeugt wird (2,22.23; 4,2.3). Johannes wendet sich gegen die Gnostiker, die die volle Menschwerdung des Sohnes Gottes ablehnten und die er damit als falsche Propheten entlarvt.

Unsere Zeit heute ist der Situation der Urgemeinde im 1. Jahrhundert n. Chr. gar nicht so unähnlich. Heute wie damals gibt es viele unterschiedliche und miteinander konkurrierende Religionen. Heute wie damals gibt es viele Kulte, Sekten und religiöse Strömungen. Heute wie damals gibt es auch innerhalb des Christentums viele Richtungen, Gruppierungen und Konfessionen. Auch heute müssen Gläubige sorgfältig prüfen und unterscheiden. Auch heute wird sich für einen Christen die entscheidende Frage letztlich an der Person Jesus Christus festmachen: Ist er der Mensch gewordene Sohn Gottes oder nicht?

Das entscheidende und unterscheidende Kriterium, das Johannes der Gemeinde zuspricht und das ihnen Trost und Kraft gibt, ist: Ihr seid aus Gott! (4,4) Diese Wendung „aus Gott“ kommt allein in diesem Abschnitt – bejahend oder verneinend – sechs Mal vor. Zur Unterscheidung der Geister: aus Gott oder nicht aus Gott (V. 2.3); zur Unterscheidung der wahren und falschen Gläubigen: aus Gott oder der Welt (V. 4.5); und zur Unterscheidung der wahren Botschaft: aus Gott sein und auf uns hören (V. 6).

Was bedeutet es für dich, „aus Gott“ oder „von Gott“ zu sein?

In den Schriften des Johannes und auch in anderen neutestamentlichen Büchern finden wir häufiger diese oder ähnliche Formulierungen, wie z. B. von Gott, mit Gott oder in Gott. Zunächst ist davon die Rede, „aus Gott geboren“ zu sein. Dies meint die Zugehörigkeit zu Gott, die Gotteskindschaft, die mit einer neuen Geburt beschrieben wird.[66]

Sodann ist die Glaubens- und Lebensgemeinschaft mit Gott gemeint: aus der Beziehung zu Gott leben. So wie wir durch die Schöpfung das biologische Leben und durch die Erlösung das geistliche Leben haben, gestalten wir unser ganzes Dasein aus dieser Beziehung zu Gott.[67]

Schließlich wird „aus Gott“ sein auch verbunden mit der Wahrheit, mit dem Geist Gottes und natürlich mit Jesus Christus selbst.[68]

---

[66] Siehe Joh 1,13; 1 Joh 5,1.4.
[67] Siehe Apg 17,28.
[68] Siehe 1 Joh 3,19; Joh 3,3-7; 17,21-23.

Mit welchen Worten, Bildern und Vergleichen würdest du deine Beziehung zu Gott beschreiben?

In dieser Auseinandersetzung um die Unterscheidung der Geister und die Frage, wer aus Gott ist, betont Johannes abschließend: *Wir* sind aus Gott! Damit stellt Johannes sich und die anderen Apostel denjenigen gegenüber, die aus der Welt und daher nicht aus Gott sind (V. 5). Doch die Gläubigen hören nicht (nur) deshalb auf die Apostel, weil diese behaupten, aus Gott zu sein, sondern weil sie selbst „Gott kennen" (V. 6). Das meint nicht nur ein verstehendes Erfassen, sondern eine ganzheitliche, intensive Lebensgemeinschaft mit Gott.

Die gedankliche Kette, die Johannes hier formuliert, lautet: Wer aus Gott geboren und damit Gottes Kind ist, wer mit Gott lebt und von Gottes Geist erfüllt ist, wer aus der Wahrheit ist und die Wahrheit tut, der hört auch auf das verkündigte Wort (der Apostel) und kann so zwischen Wahrheit und Irrtum unterscheiden.

Zum Nachsinnen und Weiterdenken

Jesus Christus spricht:

Ich bin der wahre Weinstock und mein Vater ist der Weingärtner.

Jede Rebe an mir, die keine Frucht bringt, schneidet er weg, und jede, die Frucht bringt, schneidet er zurück und reinigt sie so, damit sie noch mehr Frucht bringt.

Ihr allerdings seid durch das Wort, das ich euch verkündigt habe, schon rein.

Bleibt in mir, und ich bleibe in euch! Eine Rebe kann nicht aus sich selbst heraus Frucht bringen; sie muss am Weinstock bleiben. Auch ihr könnt keine Frucht bringen, wenn ihr nicht mit mir verbunden bleibt.

Ich, ich bin der Weinstock; ihr seid die Reben. Wer mit mir verbunden bleibt und ich dann auch mit ihm, der trägt viel Frucht. Denn getrennt von mir könnt ihr nichts ausrichten.

Wenn jemand nicht mit mir verbunden bleibt, wird es ihm ergehen wie den unfruchtbaren Reben, die man auf einen Haufen wirft und verbrennt. Er wird weggeworfen und verdorrt.

Wenn ihr in mir bleibt und wenn meine Worte in euch bleiben, dann könnt ihr bitten, um was ihr wollt: Ihr werdet es bekommen.

Johannes 15,1-7 (Neue evangelistische Übersetzung)

Gott ist Liebe (4,7-21)

7 Ihr Lieben, lasst uns einander lieb haben; denn die Liebe ist von Gott, und
wer liebt, der ist von Gott geboren und kennt Gott. **8** Wer nicht liebt, der kennt
Gott nicht; denn Gott ist die Liebe. **9** Darin ist erschienen die Liebe Gottes
unter uns, dass Gott seinen eingebornen Sohn gesandt hat in die Welt, damit
wir durch ihn leben sollen. **10** Darin besteht die Liebe: nicht dass wir Gott
geliebt haben, sondern dass er uns geliebt hat und gesandt seinen Sohn zur
Versöhnung für unsre Sünden. **11** Ihr Lieben, hat uns Gott so geliebt, so
sollen wir uns auch untereinander lieben. **12** Niemand hat Gott jemals
gesehen. Wenn wir uns untereinander lieben, so bleibt Gott in uns, und seine
Liebe ist in uns vollkommen. **13** Daran erkennen wir, dass wir in ihm bleiben
und er in uns, dass er uns von seinem Geist gegeben hat. **14** Und wir haben
gesehen und bezeugen, dass der Vater den Sohn gesandt hat als Heiland
der Welt. **15** Wer nun bekennt, dass Jesus Gottes Sohn ist, in dem bleibt Gott
und er in Gott. **16** Und wir haben erkannt und geglaubt die Liebe, die Gott zu
uns hat. Gott ist die Liebe; und wer in der Liebe bleibt, der bleibt in Gott und
Gott in ihm. **17** Darin ist die Liebe bei uns vollkommen, dass wir Zuversicht
haben am Tag des Gerichts; denn wie er ist, so sind auch wir in dieser Welt.
18 Furcht ist nicht in der Liebe, sondern die vollkommene Liebe treibt die
Furcht aus; denn die Furcht rechnet mit Strafe. Wer sich aber fürchtet, der ist
nicht vollkommen in der Liebe. **19** Lasst uns lieben, denn er hat uns zuerst
geliebt. **20** Wenn jemand spricht: Ich liebe Gott, und hasst seinen Bruder, der
ist ein Lügner. Denn wer seinen Bruder nicht liebt, den er sieht, der kann
nicht Gott lieben, den er nicht sieht. **21** Und dies Gebot haben wir von ihm,
dass, wer Gott liebt, dass der auch seinen Bruder liebe.

Mit diesem Abschnitt kommen wir sicherlich zu einem Höhepunkt des 1. Johannesbriefes: der Autor kreist um das große Thema *Liebe*, das er vorher schon berührt hatte, das er nun aber intensiv ausführt und von allen Seiten beleuchtet. Zuerst bezieht er die Liebe direkt auf Gott und stellt zweimal ganz apodiktisch die Aussage in die Mitte: „Gott ist Liebe“! (V. 8.16)

Was verbindest du mit dieser „Definition“ Gottes: Gott ist Liebe?

Diese pauschale Aussage macht Johannes nun ganz konkret; er zeigt auf, worin sich diese Liebe Gottes erweist und wozu sie bei den Gläubigen führt. Die folgenden Aspekte sind nicht linear aufeinander aufgebaut, sie stehen aber in einem logischen Zusammenhang und in einer inhaltlichen Folge:

1. Gott hat uns zuerst geliebt (V. 10a.19)

„Darin besteht die Liebe!“ (V. 10) Johannes zeigt uns das Wesen der Liebe Gottes und betont zunächst den Vorrang dieser Liebe: Er hat uns zuerst geliebt. Gottes Liebe ist nicht die Reaktion auf unsere Zuwendung, nicht seine Antwort auf unsere Suche. Das schließt jegliche menschliche Leistung Gott gegenüber kategorisch aus. Gott hat uns zuerst geliebt, als wir noch nicht lieben konnten, als wir noch nicht liebenswürdig waren, als wir – wie Paulus bemerkt – noch Sünder und Feinde Gottes waren.[69] Wir können auch nur deshalb lieben, weil er uns zuerst geliebt hat. Gottes Liebe ist die Grundlage und die Ursache für unsere Liebe. „Durch die Liebe, die Gott uns entgegenbringt, werden wir so getroffen und so tiefgreifend innerlich bewegt, dass auch in uns die Liebe erwacht und aufblüht und wir um die wachsende Vollendung der Liebe ringen. Einen wirksameren Anstoß können wir nicht erfahren, da ja keine geschaffene Liebe an die ungeschaffene Liebe heranreicht.“[70]

[69] Röm 5,8.10.
[70] Lotz 1975, 78.

2. Gott hat seinen Sohn gesandt (V. 9.10b.14)

Für Johannes ist die Liebe Gottes keine theoretische Erkenntnis, sondern sie wird sichtbar, sie ist „erschienen" in seinem Sohn Jesus Christus, der in die Welt gesandt wurde. Das ist überhaupt die Kernaussage des Evangeliums und die Identität des christlichen Glaubens: Weil Gott die Menschen liebt, hat er seinen Sohn in diese Welt gesandt. Dieses Bekenntnis klingt durch das Neue Testament und findet so oder ähnlich formuliert bei Johannes und bei anderen Autoren seinen Ausdruck.

Johannes 3,16; Epheser 1,3-8; 1. Johannes 3,16

Die Sendung Jesu Christi in diese Welt hatte letztlich nur ein Ziel: die Rettung der Welt (V. 14) durch die Versöhnung der Sünden (V. 10b) und damit das Geschenk des ewigen Lebens (V. 9). Dieses Werk der Erlösung durch Jesus Christus wird im ganzen Neuen Testament bezeugt und wurde auch schon von Johannes in seinem Brief beschrieben.[71]

Das Wort „Versöhnung", besser „Sühne(-mittel)" oder „Sühneopfer" stammt aus der Kultsprache und meint ein Opfer, das der Gottheit gebracht werden muss, um sie zu besänftigen und zu versöhnen. Diese Vorstellung wird hier geradezu auf den Kopf gestellt: nicht der Mensch muss eine Sühneopfer bringen, um Gott zu versöhnen, sondern Gott hat das Opfer gebracht, um die Menschen mit sich zu versöhnen! Er ist nicht ein zorniger Gott, der besänftigt werden muss, sondern er ist ein liebevoller Gott, der den Menschen befriedet! Deshalb betont Johannes: „Darin besteht die Liebe … dass er seinen Sohn gesandt hat zur Versöhnung für unsere Sünden." (V. 10)

[71] Siehe z. B. 1 Joh 1,2.7; 2,2; 3,5.

3. Gottes Liebe macht uns zu seinen Kindern (V. 7)

Damit greift Johannes auf, was er im Kapitel drei schon ausgeführt hatte: „Seht, welch eine Liebe hat uns der Vater erwiesen, dass wir Gottes Kinder heißen sollen“ (3,1). Doch hier geht er noch einen Schritt weiter: Durch die Liebe Gottes werden wir seine Kinder *und* unsere Gotteskindschaft versetzt uns in die Lage zu lieben.

Inwiefern empfindest du die Liebe Gottes als Motivation, andere zu lieben?

„Göttliche Liebe und natürliche, menschliche Liebe sind völlig wesensverschieden. Doch wo Gott uns neu zeugt, wo wir wiedergeboren sind, da ist Art von Art, da bleibt der ‚Same‘ Gottes in uns (vgl. 3,9). Christliche Liebe ist Art von Gottes Art. Denn wir leben nun mit Gott in untrennbarer Gemeinschaft, ‚*kennen Gott*‘, sind Art von Art.“[72]

4. Durch die Liebe bleibt Gott in uns (V. 12.13.16)

Wir haben die volle Gemeinschaft mit Gott, so dass Gott in uns ist und wir in ihm, wenn wir in der Liebe bleiben (V. 16) und einander lieben (V. 12). Dies ist jedoch nicht als menschliche Vorbedingung zu verstehen, sondern vielmehr als ein sichtbarer Erweis. Wir können sehen, dass Gott als Quelle der Liebe in uns bleibt und seine Liebe in uns zur Vollendung führt, wenn wir einander lieben. Als Bestätigung und Bekräftigung führt Johannes noch ein weiteres Kennzeichen an: Er hat uns von seinem Geist gegeben (V. 13).

[72] Krimmer 1989, 112.113.

Damit wiederholt er fast wörtlich, was er schon zuvor gesagt hatte (3,24b) - dort hatte er das Bleiben mit dem Halten der Gebote verknüpft. Schließlich ist das Bekenntnis zu Jesus als dem Sohn Gottes ein untrügliches Merkmal, dass Gott in uns bleibt. Somit können wir sagen: Die Gemeinschaft mit Gott zeigt sich am Bekenntnis zu Christus, an der Begabung mit dem Geist Gottes, am Halten der Gebote und an der Liebe untereinander. Alle vier Faktoren gehören untrennbar zusammen und hängen voneinander ab. Das Vorhandensein des einen zeigt sich jeweils an den drei anderen und umgekehrt.

5. Liebe treibt die Furcht aus (V. 17.18)

Johannes knüpft an dem Gedanken der „vollendeten Liebe“ (V. 12) an: Wenn sich die Liebe durch die Gemeinschaft mit Gott immer mehr entfaltet, wenn sie wächst und zu ihrem Ziel[73] kommt, dann haben wir auch Zuversicht am Tag des Gerichts. Gericht hat meist mit Strafe zu tun und Strafe erzeugt Furcht (V. 18). Warum aber können wir Zuversicht haben im Gericht? Weil wir „Zuversicht haben zu Gott“! (3,21) Gott verurteilt und verdammt uns nicht, sondern hat uns vergeben und freigesprochen. Wie könnte ein Kind Gottes, das von der Liebe ergriffen ist, das die Erlösung angenommen hat, das in enger Gemeinschaft mit Gott lebt, das vom Geist Gottes erfüllt ist, das in der Liebe lebt, Angst haben vor dem Gericht?

Wie wirkt diese Verheißung auf dich: „In der Liebe ist keine Furcht“?

[73] Die vollkommene oder vollendete Liebe meint wörtlich die „zum Ziel gekommene“ Liebe.

Als Christen sind wir immer wieder von Ängsten angefochten: Angst vor den Wechselfällen des Lebens, vor Problemen und Herausforderungen, vor dem eigenen Versagen – und auch vor Gott. Bin ich gut genug für Gott? Hat er mich angenommen? Steht meine Sünde gegen mich? Trifft mich das Gericht?

Das muss nicht sein! Das darf nicht sein! Dagegen wendet sich Johannes seelsorgerlich und hilfreich. „Der Apostel Johannes greift die Botschaft von der Liebe auf und stellt sie gegen die Angst. Dass Gott den Menschen aus freien Stücken geliebt hat (1. Johannes 4,7ff.), macht ihn frei von aller Leistung. Macht ihn aber auch frei, selbst Liebe zu üben. Diese Liebe, die mehr ein Vertrauen in Gottes Ja zu uns ist als ein sentimentales Gefühl ihm gegenüber, stillt die Furcht im Gericht und wandelt sie in Zuversicht. ... Diese Liebe wiederum ist nicht menschliche Leistung der Zuneigung, sondern Bekenntnis, Erkenntnis, Glaube. ‚In der Liebe sein' heißt demnach, Gottes Zusage seiner vorauseilenden Liebe zu vertrauen, auch gegen das eigene Gefühl, nachdem die Liebe durch die Hingabe Jesu ‚erkannt' wurde."[74]

6. Liebe führt zur Liebe untereinander (V. 7.11.19.20.21)

Johannes wird nicht müde, auf die Liebe zueinander bzw. die Bruderliebe hinzuweisen. Allein in diesem Abschnitt tut er das vier Mal, in Kapitel drei hatte er das Thema schon entfaltet (V. 11-18) und an etlichen anderen Stellen in seinem Brief weist er ebenfalls darauf hin.[75] Zuerst macht Johannes noch einmal deutlich, dass Gottes Liebe Grund und Ursprung unseres Liebens ist, dass seine Liebe der unseren vorausging (V. 7.11.19). Doch interessanterweise fordert Johannes als unsere Antwort nicht, Gott zu lieben, sondern einander zu lieben. Auch wenn die Liebe zu Gott hier nicht

[74] Gerhardt 2004, 110.111.
[75] Z. B. Kap. 2,9-11; 3,23; 5,1.2.

ausgeschlossen wird und in dem großen Doppelgebot Jesu[76] mit der Nächstenliebe verknüpft wird, liegt der Akzent hier auf der Liebe zueinander. Das wird dann umso verständlicher, wenn uns in Vers 20 und 21 gesagt wird, dass in der Bruderliebe die Liebe zu Gott sichtbar wird. Johannes gebietet diese Liebe sogar: wir *sollen* einander lieben (V. 11). Damit gibt er fast wörtlich ein Gebot seines Herrn weiter: „Das gebiete ich euch, dass ihr euch untereinander liebt."[77] Sein letztes Argument ist ein Schluss vom Geringeren auf das Größere (V. 20): „Wer nicht einmal fertig bekommt, den Bruder zu lieben, der sichtbar vor ihm steht, wie will er den unsichtbaren Gott lieben können? … Eine Liebe zu Gott ist freilich leichter zu behaupten, weil sie durch Gottes Unsichtbarkeit nicht nachzuprüfen ist. Es ist leichter, von ihr zu schwärmen. Aber sie ist Fantasie, subjektive Einbildung, wenn sie sich nicht dokumentiert in der Liebe zum Bruder."[78]

Zum Nachsinnen und Weiterdenken

Zwei Brüder wohnten einst auf dem Berg Morija. Der jüngere war verheiratet und hatte Kinder. Der ältere war unverheiratet und allein. Die beiden Brüder arbeiteten zusammen. Sie pflügten ihre Felder zusammen und streuten gemeinsam das Saatgut auf das Land. Zur Zeit der Ernte brachten sie das Getreide ein und teilten die Garben in zwei gleich große Stöße, für jeden einen Stoß Garben.

Als es Nacht geworden war, legte sich jeder der beiden Brüder bei seinen Garben zum Schlafen nieder. Der Ältere aber konnte keine Ruhe finden und dachte bei sich: „Mein Bruder hat eine Familie, ich dagegen bin allein und

---

[76] Jesus aber antwortete ihm: „Du sollst den Herrn, deinen Gott, lieben von ganzem Herzen, von ganzer Seele und von ganzem Gemüt." Dies ist das höchste und größte Gebot. Das andere aber ist dem gleich: „Du sollst deinen Nächsten lieben wie dich selbst." (Mt 22,37-39)
[77] Joh 15,17.
[78] De Boor 1978, 139.

ohne Kinder, und doch habe ich gleich viele Garben genommen wie er. Das ist nicht recht!"

Er stand auf und nahm von seinen Garben und schichtete sie heimlich und leise zu den Garben seines Bruders. Dann legte er sich wieder hin und schlief ein. In der gleichen Nacht, geraume Zeit später, erwachte der Jüngere. Auch er musste an seinen Bruder denken und sprach in seinem Herzen: „Mein Bruder ist allein und hat keine Kinder. Wer wird in seinen alten Tagen für ihn sorgen?"
Und er stand auf, nahm von seinen Garben und trug sie heimlich und leise hinüber zu dem Stoß des Älteren.

Als es Tag wurde, erhoben sich die beiden Brüder. Und jeder war erstaunt, dass die Garbenstöße die gleichen waren wie am Abend zuvor. Aber keiner sagte darüber zum anderen ein Wort. In der zweiten Nacht wartete jeder ein Weilchen, bis er den anderen schlafen wähnte. Dann erhoben sich beide und jeder nahm von seinen Garben, um sie zum Stoß des anderen zu tragen. Auf halbem Weg trafen sie aufeinander, und jeder erkannte, wie gut es der andere mit ihm meinte. Da ließen sie ihre Garben fallen und umarmten einander in herzlicher und brüderlicher Liebe.

Gott im Himmel aber schaute auf sie herab uns sprach: „Heilig ist mir dieser Ort. Hier will ich unter den Menschen wohnen!"

Nach Nicolai Erdelyi[79]

[79] Zitiert bei Kühner 1994, 198.

Der Glaube überwindet die Welt (5,1-5)

1 Wer glaubt, dass Jesus der Christus ist, der ist von Gott geboren; und wer den liebt, der ihn geboren hat, der liebt auch den, der von ihm geboren ist. **2** Daran erkennen wir, dass wir Gottes Kinder lieben, wenn wir Gott lieben und seine Gebote halten. **3** Denn das ist die Liebe zu Gott, dass wir seine Gebote halten; und seine Gebote sind nicht schwer. **4** Denn alles, was von Gott geboren ist, überwindet die Welt; und unser Glaube ist der Sieg, der die Welt überwunden hat. **5** Wer ist es aber, der die Welt überwindet, wenn nicht der, der glaubt, dass Jesus Gottes Sohn ist?

Noch einmal kommt Johannes – quasi als Zusammenfassung – auf die Themen zu sprechen, die er zuvor im Kapitel vier entfaltet hatte: der Glaube an Jesus als den Sohn Gottes und die Liebe zu Gott und den Mitmenschen. Glaube und Liebe gehören untrennbar zusammen. Wer an Jesus Christus, unseren großen Bruder glaubt, ist ein Kind Gottes und liebt den himmlischen Vater, wie er auch die anderen Kinder Gottes, seine Brüder und Schwestern, liebt.

In der wechselseitigen Abhängigkeit der Gottes- und Menschenliebe kehrt Johannes hier nun die Beweisführung um. Hatte er zuvor geschrieben, dass sich die Gottesliebe an der Liebe zum Mitmenschen erweist (4,20.21), sagt er nun, dass sich die Liebe zu den Mitchristen an der Liebe zu Gott zeigt – und am Halten der Gebote! Damit wird noch einmal deutlich, dass Liebe unteilbar ist und dass darin der Wille Gottes erfüllt wird. Johannes kann sich wieder auf ein Wort des Herrn berufen, das er in seinem Evangelium zitiert hatte: „Liebt ihr mich, so werdet ihr meine Gebote halten.“[80] Doch dann fügt Johannes einen Nachsatz an, der etwas verstört und herausfordert: „denn seine Gebote sind nicht schwer.“ (V. 3)

[80] Joh 14,15.

Wie empfindest du das Halten der Gebote – sind sie leicht oder schwer für dich?

Warum kann Johannes sagen, dass die Gebote Gottes nicht schwer sind? Zum einen liegt es überhaupt nicht in der Absicht Gottes, uns das Leben zu erschweren, ganz im Gegenteil: die Gebote sollen ein gutes und rechtes Leben ermöglichen, fördern, erleichtern und gelingen lassen. Zum zweiten ist uns der Geist gegeben, der in uns wirkt und das Halten der Gebote ermöglicht. Die Frucht, die der Geist in uns hervorbringt, ist zuallererst die Liebe.[81] Diese Liebe ist es dann auch, die das Halten der Gebote leicht macht, weil sie „ganz automatisch" das Gesetz erfüllt.[82] Wer liebt, möchte gerne den Willen des Geliebten erfüllen. „Wenn ihr meine Gebote haltet, so bleibt ihr in meiner Liebe, wie ich meines Vaters Gebote halte und bleibe in seiner Liebe. Das sage ich euch, damit meine Freude in euch bleibe und eure Freude vollkommen werde."[83] Das Halten der Gebote aus Liebe ist nicht nur leicht, sondern macht sogar Freude.

Psalm 1,1-3; Matthäus 11,28-30; Johannes 14,15-17

Schließlich kommt noch ein weiterer Grund hinzu, warum das Halten der Gebote nicht schwer ist: weil unser Glaube die Welt überwunden hat. Die Welt im engeren Sinne sind die Gegner des Johannes, die „Antichristen", die

[81] Siehe Gal 5,22.23.
[82] Siehe Mt 22, 36-40; Röm 13,8-10.
[83] Joh 15,10.

das Christusbekenntnis leugnen (4,5). Deshalb überwindet sie der Glaube an Jesus als den Sohn Gottes (5,5). Wer also nicht mehr zur Welt gehört, deren Lebensart den Geboten und dem Wesen Gottes entgegengesetzt ist, wird die Gebote als angenehm und als Lebensart der Kinder Gottes empfinden.

Im weiteren Sinn meint Welt alles, was Gott und seiner Ordnung entgegensteht. Welt ist der Bereich der Sünde und des Todes. Welt ist alles, was den Gläubigen anficht und bedroht, was ihn belastet und bedrückt. Dagegen steht das Bekenntnis: Unser Glaube hat die Welt überwunden, unser Glaube hat die Welt und alle Mächte dieser Welt besiegt! Der Glaube hat die Welt überwunden, weil er sich auf den beruft, der die Welt besiegt hat: „...seid getrost, ich habe die Welt überwunden."[84] Weil Jesus Christus durch seinen Tod und seine Auferstehung Hölle, Tod und Teufel besiegt hat, weil er die Welt mit all ihren Mächten entmachtet hat, haben auch wir überwunden. Durch den Glauben sind wir auf der Seite des Siegers. Er gibt uns allen Anteil an seinem Sieg. All das, was uns bedrückt und angreift in dieser Welt, die Sorgen und Nöte, die Belastungen und Anfechtungen, die Ängste und Bedrohungen, können durch den Glauben überwunden werden. Weltüberwindung - der Glaube setzt gegen die Sorgen die Hoffnung, gegen die Anfechtungen die Verheißungen, gegen die Ängste die Zuversicht.

Was hilft dir, die „Welt zu überwinden"? Fühlst du dich als Sieger?

Dem Gläubigen steht noch ein weiteres Mittel zur Weltüberwindung zur Verfügung, das dem Glauben gar nicht so unähnlich ist: der Humor. Weil der Glaube die Welt überwindet, kann der Gläubige auch über die Welt lachen,

[84] Joh 16,33.

denn sie kann ihm letztlich nicht mehr gefährlich sein. So dichtete Paul Gerhardt in einem Kirchenlied: „Die Welt ist mir ein Lachen".[85] Weil Jesus alle feindlichen Mächte besiegt hat, kann der Gläubige über diese Mächte triumphieren, ja sie sogar auslachen. So gab es in der mittelalterlichen Kirche den Brauch des „Osterlachens" (*risus paschalis*).

„Am ersten oder zweiten Osterfeiertag pflegte der Priester eine Predigt zu halten, die derart mit lustigen Geschichten, herzhaften Anekdoten und anspielungsreichen Fabeln gespickt war, dass die ganze andächtige Gemeinde schließlich, auf diesen Augenblick schon gespannt, in ein schallendes, jubelndes Gelächter ausbrach: das Ostergelächter. Der Teufel wurde öffentlich und förmlich ausgelacht."[86]

Auf der Grundlage des Ostergeschehens und im Glauben an den Auferstandenen überwindet der Gläubige die Welt. Diese Fähigkeit der Weltüberwindung zeichnet auch den Humor aus. Das zeigt sich schon an der bekannten Definition: „Humor ist, wenn man trotzdem lacht." Das *Trotzdem* des Lachens und das *Dennoch* des Glaubens stehen sich ganz nahe. So kann der wahre, der christliche Humor einen gewissen Abstand zu den Sorgen herstellen, er geht gelassen mit den Bedrohungen um, er überwindet die Angst.

Als der Essener Superintendent Held, ein führender Mann der Bekennenden Kirche ... eines Tages auf Reisen gehen musste, schärfte er seiner Frau, dem Vikar und der Sekretärin ein, dass bei etwaigen Haussuchungen während seiner Abwesenheit ein bestimmtes Aktenfaszikel auf keinen Fall in die Hände der Gestapo fallen dürfte. Er verriet ihnen auch das klug erdachte Versteck: Der Leitzordner lag in einem der beiden Nachtschränkchen des

[85] So lautet die 5. Strophe des Liedes „Auf, auf, mein Herz, mit Freuden": Die Welt ist mir ein Lachen mit ihrem großen Zorn; sie zürnt und kann nicht machen, all' Arbeit ist verlor'n. Die Trübsal trübt mir nicht mein Herz und Angesicht; das Unglück ist mein Glück, die Nacht mein Sonnenblick.
[86] Heinz-Mohr 1965, 5.

ehelichen Schlafzimmers - unter einem gewissen Topf ... Tatsächlich kamen dann drei finster aussehende Herrn, die etwas von der Existenz dieser Schriftstücke zu wissen schienen und sie zu suchen begehrten. Sie ... verlangten sofort ins Schlafzimmer geführt zu werden. Nachdem sie die Betten ein wenig abgetastet hatten, ging der eine zum Entsetzen der drei Hausgenossen schnurstracks auf das ‚heiße' Nachtschränkchen zu, öffnete es - und streckte seine Hand nach dem Griff des Nachttopfes aus. In diesem Augenblick höchster Gefahr sagte der Vikar: ‚Aber bitte, Herr Kommissar, das hier vor den Damen...! Das können Sie doch eine halbe Treppe tiefer bequemer haben!' Der Kommissar zuckte ärgerlich zurück und knallte die Schränkchentür wieder zu."[87]

Der Humor ist hier nicht so sehr in der schlagfertigen Antwort des Vikars zu sehen, sondern vielmehr in seiner Haltung der heiteren Gelassenheit, die zu einem inneren Abstand gegenüber den Bedrohungen führte. Das ist auch und zuerst die Haltung des Glaubens. Die Filmfigur Pater Brown sagt: „Humor ist eine Erscheinungsform der Religion — denn nur der, der über den Dingen steht, kann sie belächeln."[88] Über den Dingen dieser Welt stehen, sich von den Widerwärtigkeiten des Lebens nicht unterkriegen lassen, diese Welt mit ihren Mächten überwinden kann aber letztlich nur der Glaubende; ganz im Sinne unseres Textes: „Unser Glaube ist der Sieg, der die Welt überwunden hat."

Zum Nachsinnen und Weiterdenken

„Das Leben ist nicht immer heiter,
doch führt Verdrossenheit nicht weiter.
Zwei Helfer stellen sich dir vor:

[87] Thielicke 1982, 103.
[88] A.a.O., 73.

Sie heißen Glaube und Humor.
Wer nun dem Glauben nicht gewogen,
hat den Humor oft vorgezogen,
bis er dann später jäh entdeckt,
dass im Humor auch Glaube steckt.
Es stimmt, kommt's dir auch seltsam vor:
Wer Glauben hat, hat auch Humor."

Friedbert Linder[89]

---

[89] Freikirche der Siebenten-Tags-Adventisten (Hg.): Advent Echo Nr.10, 1983, Lüneburg: Advent-Verlag, 7.

Das Leben haben (5,6-12)

6 Dieser ist's, der gekommen ist durch Wasser und Blut, Jesus Christus; nicht
im Wasser allein, sondern im Wasser und im Blut; und der Geist ist's, der das
bezeugt, denn der Geist ist die Wahrheit. **7** Denn drei sind, die das bezeugen:
8 der Geist und das Wasser und das Blut; und die drei stimmen überein.
9 Wenn wir der Menschen Zeugnis annehmen, so ist Gottes Zeugnis doch
größer; denn das ist Gottes Zeugnis, dass er Zeugnis gegeben hat von
seinem Sohn. **10** Wer an den Sohn Gottes glaubt, der hat dieses Zeugnis in
sich. Wer Gott nicht glaubt, der macht ihn zum Lügner; denn er glaubt nicht
dem Zeugnis, das Gott gegeben hat von seinem Sohn. **11** Und das ist das
Zeugnis, dass uns Gott das ewige Leben gegeben hat, und dieses Leben ist
in seinem Sohn. **12** Wer den Sohn hat, der hat das Leben; wer den Sohn
Gottes nicht hat, der hat das Leben nicht.

Das Bekenntnis zu Jesus Christus als dem Mensch gewordenen Sohn Gottes ist Johannes so wichtig, dass er es jetzt gegen Ende seines Briefes noch vielfach absichert und bestätigt: Dieser ist durch Wasser und Blut gekommen. Damit weist er auf die Taufe und die Kreuzigung Jesu hin. Die Gegner des Johannes haben wohl die Taufe Jesu anerkannt, nicht aber sein blutiges Opfer am Kreuz. Doch nicht nur durch die Taufe hat sich der himmlische Vater zu seinem Sohn bekannt,[90] sondern vor allem durch den Kreuzestod hat sich die Sendung Christi in diese Welt erfüllt. „Wie Jesus geschichtlicher Mensch war, gehören auch diese Geschehnisse [Taufe und Kreuzigung] in die Geschichte; weil er als der Gottesssohn bekannt wird, sind diese geschichtlichen Ereignisse zugleich auch die Grunddaten des Heiles selbst.“[91] Ein dritter Zeuge kommt hinzu, der Geist. Bei der Taufe Jesu erschien der Geist in Gestalt einer Taube und bekannte sich – neben der Stimme aus dem Himmel – sichtbar zur Sendung Jesu.[92] Dieser Geist ist der

[90] Siehe Mt 3,16.17; Joh 1,33.34.
[91] Balz/Schrage 1993, 204.
[92] Siehe Mt 3,16.17; Mk 1,9-11; Lk 3,21.22; Joh 1,32-34.

Geist der Wahrheit, so wie Jesus ihn im Johannesevangelium genannt und angekündigt hatte.

Was bedeutet das Wirken des Geistes Gottes für dich?

Der Heilige Geist, der von Jesus auch Tröster, Beistand oder eben Geist der Wahrheit genannt wurde, ersetzt Jesus auf dieser Erde und handelt an seiner Statt: Er verkündet und zeugt von Jesus, er lehrt und erinnert und führt in alle Wahrheit hinein.[93] Er ist den Gläubigen gegeben, bleibt bis in alle Ewigkeit bei und in ihnen und gibt ihnen damit ein inneres Zeugnis ihrer Gotteskindschaft.[94]

Römer 8,14-17; 1. Korinther 12,3-11; Galater 5,22.23

Johannes betont das dreifache, aber einmütige Zeugnis von Geist, Wasser und Blut. An dieser Stelle, zwischen Vers sieben und acht, findet sich in manchen älteren Bibelübersetzungen ein Einschub mit folgendem Wortlaut: „im Himmel der Vater, das Wort und der Heilige Geist, und diese drei sind eins. Und drei sind es, die bezeugen auf Erden“. Diese spätere Einfügung in den Text nimmt auf die Trinitätslehre als Bestätigung der Göttlichkeit Jesu Bezug.[95] Sinngemäß drückt sie jedoch aus, was Johannes weiter ausführt:

[93] Siehe Joh 14,26; 15,26; 16,7-15.

[94] Siehe Joh 14,16.17; 1 Joh 2,23-27; 3,24; 4,2.

[95] Dieser Satz, das sogenannte *Comma Johanneum*, findet sich in den alten griechischen Handschriften des Neuen Testaments nicht, sondern erst in einer lateinischen Schrift aus dem 4. Jahrhundert n. Chr. Diese Randglosse ist wahrscheinlich im 3. Jahrhundert n. Chr. aus dogmatischen Gründen in den Text eingefügt worden.

Zum menschlichen Zeugnis kommt das viel größere göttliche Zeugnis hinzu. Menschen haben immer wieder ihren Glauben bekannt, Menschen sind durch das Zeugnis von Christen zum Glauben gekommen, auch die Leser des Johannesbriefes. Schließlich hatte Johannes am Anfang seines Briefes von seinem eigenen Zeugnis und dem seiner Mitapostel geschrieben. Das menschliche Zeugnis von Jesus Christus ist unverzichtbar und in den Jahrtausenden der Geschichte des Christentums ist es immer wieder angenommen worden. Und doch ist das Zeugnis Gottes, das er selbst von seinem Sohn gegeben hat, viel größer. Man denke dabei an das Bekenntnis des himmlischen Vaters zu seinem Sohn bei der Taufe und bei der Verklärung Jesu.[96] Doch das ganze Leben und Wirken Jesu war ein Bekenntnis seines Vaters zu seiner Sohnschaft.[97] Der Mensch gewordene Gottesssohn wird also auf drei Ebenen bezeugt und bestätigt: durch Zeichen (Wasser und Blut), durch Menschen und durch Gott selbst (Vater und Heiliger Geist).

Welche Bedeutung haben Zeichen und Symbole für deinen Christusglauben?

Die Zeichen Wasser und Blut sind auch heute noch Ausdruck unseres Glaubens an Jesus Christus und zeugen so von unserem Bekenntnis zu ihm. Das Wasser der Taufe ist ein Symbol der Reinigung und Neugeburt und drückt unser Begraben werden mit Christus und die Auferstehung in ein

[96] Mt 3,17; 17,5.
[97] Joh 5,36.37; 8,18.

neues Leben aus.[98] Der Wein beim Abendmahl ist ein Symbol für das Blut Christi, so wie das Brot Symbol für den Leib Christi ist.[99] Taufe und Abendmahl, in den meisten christlichen Kirchen Sakramente oder heilige Handlungen, sind Ausdruck und Bekenntnis unseres Glaubens an Jesus Christus.

Das größte und tiefste Zeugnis Gottes von seinem Sohn ist jedoch *in* uns: wer glaubt, hat dieses Zeugnis in sich (V. 10). Wer von Jesus Christus ergriffen und begeistert ist, wer den Glauben angenommen und im Herzen hat, wer Jesus als den Sohn Gottes in seinem Leben erlebt hat, der hat dieses göttliche Zeugnis in sich. Für den ist der Sohn Gottes eine Realität und der Glaube eine Gewissheit. Mehr noch: Das Zeugnis gibt uns die Gewissheit, dass wir durch den Glauben das ewige Leben haben. Hier schlägt Johannes einen weiteren Bogen zum Anfang seines Briefes, hatte er doch eingangs Jesus als das Leben bezeugt. Er, der das wahre, ja das ewige Leben ist (1,2), hat uns dieses ewige Leben gegeben. Wer das Zeugnis annimmt, wer an Jesus Christus glaubt, der wird ein Kind Gottes, empfängt Vergebung der Sünden, wird mit dem Heiligen Geist erfüllt und hat das Leben, das ewige Leben, das über den Tod hinaus geht. Johannes bringt es auf die kurze Formel: wer den Sohn hat, der hat das Leben (V. 12).

Wie kann dich diese Zusage „wer den Sohn hat, der hat das Leben" trösten und ermutigen?

[98] Siehe Röm 6, 3.4; Tit 3,4-6.
[99] Siehe 1 Kor 11,23-25.

Ein junger Mann namens Siegfried,[100] *der in einem christlichen Elternhaus aufgewachsen war und den Glauben an Jesus Christus angenommen hatte, lebte als Christ und gehörte zu einer christlichen Gemeinde. Doch immer wieder kamen ihm Zweifel, ob er sich seiner Erlösung gewiss sein könne. „Ich bin doch noch so unerfahren im Glauben. Kann mir Gott alle Sünden vergeben? Kann ich mir wirklich meines Heils sicher sein? Ist das nicht eine Anmaßung?“ dachte Siegfried öfters. In seiner Unsicherheit studierte er die Bibel und stieß auch auf den 1. Johannesbrief. Dort las er kurz und bündig: „Wer den Sohn hat, der hat das Leben.“ Er fragte sich: „Habe ich den Sohn?“ – „Ja, sicher. Ich habe ihn im Glauben angenommen, er hat mich erlöst, er geht mit mir durch's Leben.“ Also konnte Siegfried gewiss sein: so sicher der erste Satz stimmt, so sicher stimmt auch der zweite. „Ja, ich habe das Leben!“ So wurde dieser Satz aus dem 1. Johannesbrief zu seinem Motto. Immer wenn Zweifel oder Unsicherheit kamen, sagte er sich diesen einen Satz: „Wer den Sohn hat, der hat das Leben.“ Punkt.*

Zum Nachsinnen und Weiterdenken

Das Leben

Das Leben ist nicht ein Ding,

ein Wesen,

ein Begriff,

sondern eine Person und zwar

eine bestimmte und einzige Person und diese

bestimmte und einzige Person nicht in dem

---

[100] Name geändert.

was sie unter anderem auch hat,

sondern in

ihrem Ich,

das Ich Jesu.

Dietrich Bonhoeffer[101]

[101] Weber 2008, 13.

Gott hört unser Bitten (5,13-21)

13 Das habe ich euch geschrieben, damit ihr wisst, dass ihr das ewige Leben habt, die ihr glaubt an den Namen des Sohnes Gottes. **14** Und das ist die Zuversicht, die wir haben zu Gott: Wenn wir um etwas bitten nach seinem Willen, so hört er uns. **15** Und wenn wir wissen, dass er uns hört, worum wir auch bitten, so wissen wir, dass wir erhalten, was wir von ihm erbeten haben. **16** Wenn jemand seinen Bruder sündigen sieht, eine Sünde nicht zum Tode, so mag er bitten und Gott wird ihm das Leben geben - denen, die nicht sündigen zum Tode. Es gibt aber eine Sünde zum Tode; bei der sage ich nicht, dass jemand bitten soll. **17** Jede Ungerechtigkeit ist Sünde; aber es gibt Sünde nicht zum Tode. **18** Wir wissen, dass, wer von Gott geboren ist, der sündigt nicht, sondern wer von Gott geboren ist, den bewahrt er und der Böse tastet ihn nicht an. **19** Wir wissen, dass wir von Gott sind, und die ganze Welt liegt im Argen. **20** Wir wissen aber, dass der Sohn Gottes gekommen ist und uns den Sinn dafür gegeben hat, dass wir den Wahrhaftigen erkennen. Und wir sind in dem Wahrhaftigen, in seinem Sohn Jesus Christus. Dieser ist der wahrhaftige Gott und das ewige Leben. **21** Kinder, hütet euch vor den Abgöttern!

Die Gewissheit des ewigen Lebens aufgrund des Glaubens an Jesus Christus ist Johannes ein großes Anliegen. Diese sieht er offensichtlich in Gefahr: durch die Irrlehrer und Gegner, die einen anderen Weg propagieren. Deshalb hatte er seinen Brief geschrieben, deshalb hatte er das in den Versen zuvor noch einmal deutlich gemacht. Dieses Wissen verschafft nun Zuversicht zu Gott (V. 13.14).

Vier Mal verwendet Johannes in seinem Brief den Begriff „Zuversicht“:[102] die Zuversicht zu Gott, die Zuversicht im Gericht bzw. bei der Wiederkunft[103] und hier eigentlich wörtlich die „Zuversicht zu ihm“, d. h. zu Jesus Christus. Zwei Mal ist die ausdrückliche Folge davon, dass er unsere Bitten erhört und wir das Erbetene auch empfangen.

[102] Wird auch mit Hoffnung, Freimut oder Freimütigkeit übersetzt.
[103] 1 Joh 2,28; 3,21; 4,17.

Was löst die Verheißung, dass „Gott unsere Bitten erhört", bei dir aus?

Als Kinder unseres himmlischen Vaters dürfen wir mit freudiger Zuversicht, mit Freimütigkeit, zu ihm kommen und vertrauensvoll bitten. „Wir können und dürfen zum Vater beten, weil wir an den Sohn glauben, ihm ganz vertrauen, und weil wir in der Liebesgemeinschaft mit ihm stehen. Er ermöglicht unser Beten und lehrt uns beten ... Er lehrt uns Beten *‚nach seinem Willen'*, denn der Sohn sagt uns den Willen des Vaters; er ist der Wille des Vaters. Das Gebet im Namen Jesu ist Gebet nach dem Willen Gottes."[104] Wir dürfen wissen, dass Gott gerne und bereitwillig gibt, dass er mehr gibt als wir bitten können, ja dass er schon um unser Bitten weiß, bevor wir es aussprechen können.[105] Er ist der gute Vater und der souveräne Gott, dessen Wille geschieht, der uns endlos überlegen ist und der deshalb weiß, was wir brauchen und was gut für uns ist.[106]

Matthäus 6,9-13; Johannes 15,7.16; 16,23-27

Wer so in Übereinstimmung mit dem Willen Gottes bittet, wer diese Übereinstimmung durch das Halten der Gebote und ein gottgefälliges Leben zum Ausdruck bringt (3,22), der weiß nicht nur, dass er erhört wird, sondern weiß auch, dass er empfangen wird. In dieser Gewissheit konnte Jesus

[104] Krimmer 1992, 142.
[105] Siehe Mt 6,8; 7,7-11; Eph 3,20.
[106] Siehe Jes 55,8.9; Mt 6,32; 26,39.

schon *vor* der Auferweckung des Lazarus sagen: „Vater, ich danke dir, dass du mich erhört hast.“[107]

Johannes wendet nun die Gewissheit der Erhörung auf ein spezielles Anliegen an, auf die Bitte um Sündenvergebung bei einem Bruder. Dabei unterscheidet er zwischen Sünden, die vergeben werden und einer Sünde zum Tode, die offensichtlich nicht vergeben wird. Johannes beschreibt eine solche Sünde nicht näher. Man könnte dabei an das Wort Jesu von der „Lästerung gegen den Heiligen Geist“ denken, die nicht vergeben wird.[108] Oder an Aussagen aus dem Hebräerbrief, wonach ein Abfall vom christlichen Glauben verbunden wird mit einem „erneuten Kreuzigen des Sohnes Gottes“ und „den Sohn Gottes mit Füßen treten“.[109] Im Umfeld des Johannes sind damit wohl die Antichristen gemeint, die Jesus als den Mensch gewordenen Gottessohn leugnen und damit das Heilshandeln Gottes und den einzigen Weg zur Vergebung der Sünden ablehnen. Doch Johannes hält sich nicht lange dabei auf, sondern betont das Positive: Er weist die Gemeinde auf die Möglichkeit und Macht der Fürbitte für den sündigenden Mitchristen hin. Wer den Bruder oder die Schwester sündigen sieht, soll nicht anklagen, verurteilen oder gar ausschließen, sondern für den Mitchristen bitten und ihm so wieder zurechthelfen. Das entspricht der Botschaft des Neuen Testamentes[110] und dem Verhalten Jesu. Selbst für seine Feinde und Mörder hat er um Vergebung gebeten[111] und wurde so zu einem Vorbild für seine Nachfolger.[112]

Den Warnungen setzt Johannes nun ein triumphierendes dreifaches „Wir wissen“ (V. 18-20) entgegen und fasst so zum Ende des Briefes seine Hauptaussagen zusammen: die zentrale Bedeutung von Jesus Christus, die

---

[107] Joh 11,41-43.
[108] Siehe Mk 3,28.29.
[109] Hbr 6,4-6; 10,26-29.
[110] Siehe Gal 6,1-3.
[111] Siehe Lk 23,34.
[112] Siehe Apg 7,60.

Beziehung zu Gott als unserem Vater und das Leben als Christ in dieser Welt.

Zu den schwerwiegenden Aussagen über die Sünde in den Versen zuvor stellt Johannes klar, dass die Sünde allerdings nicht der „Normalfall" des christlichen Lebens ist: wer von Gott geboren ist, sündigt nicht (V. 18).[113] Unser neues Sein als Kinder Gottes steht nicht mehr unter der Herrschaft der Sünde. Gemeinschaft mit Gott und ein Leben der Sünde schließen sich aus. Mehr noch: Gott bewahrt vor der Sünde (V. 18),[114] so dass der Böse den Gläubigen nichts anhaben kann. Nun holt Johannes diese Gewissheit noch näher heran: dem noch etwas distanzierten „jeder, der aus Gott geboren ist" folgt nun das persönliche „*wir* sind aus Gott". Die Welt als der Bereich der Gottferne und des Bösen, das Handlungsfeld der Irrlehrer und Antichristen, kann den Gläubigen nicht gefährden; er gehört zu Gott, ist Art von seiner Art und unter dem Herrschaftsbereich Gottes. Das alles ist uns möglich, weil Jesus Christus in diese Welt gekommen ist: nicht nur, um uns zu erlösen, sondern auch, um uns den wahrhaftigen Gott zu offenbaren. Er vermittelt uns nicht nur Wissen über Gott, sondern macht uns fähig, den Wahrhaftigen zu erkennen. Jesus zeugt nicht nur von der Wahrheit, er selbst ist die Wahrheit.[115]

Wie siehst du den Gott, den uns Jesus Christus offenbart hat?

[113] Damit wiederholt er seine Aussagen in 3,6.9.

[114] Dieser Satzteil ist im griechischen Urtext sehr undurchsichtig und ermöglicht vier Übersetzungsvarianten. Aus sprachlichen und theologischen Gründen erscheint die vorliegende am plausibelsten: „so bewahrt Gott ihn und der Böse tastet ihn nicht an." Siehe Balz/Schrage 1993, 210.

[115] Siehe Joh 14,6.

Und wiederum betont Johannes: Wir erkennen nicht nur den Wahrhaftigen, sondern wir *sind* auch in ihm, in seinem Sohn Jesus Christus. Der Vater und der Sohn können hier nicht getrennt gesehen werden, der Sohn zeigt uns den Vater und der Vater bezeugt den Sohn (5,9). Der Sohn verherrlicht den Vater und der Vater verherrlicht den Sohn.[116] So wie Jesus es selbst gesagt hatte: „Ich und der Vater sind ein."[117] Deshalb kann Johannes auch mit dem Bekenntnis schließen: Dieser, d. h. Jesus Christus „ist der wahrhaftige Gott und das ewige Leben!"

Hiermit könnte der Brief schließen, doch Johannes fügt noch einen Nachsatz hinzu: „Hütet euch vor den Abgöttern." Götzen oder Abgötter sind nicht nur die „falschen" Götter der heidnischen Umwelt, Götzenbilder oder Götterstatuen. Götzen sind auch falsche Vorstellungen oder Irrlehren über den dreieinen Gott, die Johannes gegenüber den Irrlehrern bekämpfte und wovor er seine Gemeinde warnte. Den Abgöttern steht der wahrhaftige Gott gegenüber, der Vater und der Sohn.

Zum Nachsinnen und Weiterdenken

Wenn ich zurückblicke, Herr,
begegne ich dir und deinem Willen.

Dein Wille ist geschehen,
als ich die Taufe empfing,
und ich bin nun nicht mein eigener Herr,
sondern dein Eigentum.
Ich bejahe deinen Willen.

---

[116] Joh 17,1-5.
[117] Joh 10,30; siehe auch 14,9.

Dein Wille ist geschehen
auf allen merkwürdigen Wegen, die du mich geführt hast,
in allem Unerklärlichen und Seltsamen,
das in meinem Leben geschehen ist.
Ich bejahe deinen Willen.

Dein Wille ist geschehen,
in den Tagen, an denen ich glücklich war,
an denen ich Liebe empfangen und Erfüllung und Freude gefunden habe.
Alles Glück ist in Gefahr. Das hast du bestimmt.
Ich bejahe deinen Willen.

Dein Wille ist geschehen
auch auf dunklen Wegen des Elends und der Angst.
Ich danke dir, dass ich nicht zugrunde ging.
Ich danke dir, dass ich meine Schuld nicht büßen muss.
Ich danke dir, dass ich eins bin mit dir
und nicht zerfallen mit mir selbst.

Dein Wille ist meine Kraft
in meiner Schwäche.
Ich nehme deine Kraft an und vertraue ihr.
Dein Wille ist es, der mich weiterführt
bis zum Ende meiner Tage und weiter.
Dein Wille geschieht. Ich bitte dich,
dass er geschieht, auch durch meinen Willen.

Jörg Zink[118]

[118] Zink 1973, 181.

Nachwort

Das neue Leben des Johannes

Die Lektüre des 1. Johannesbriefes hat uns auch viel über seinen Autor verraten, über seine Persönlichkeit, sein Wesen und seine Gesinnung.

Johannes begegnet uns in seinem Brief als ein liebevoller, väterlicher Freund. Er spricht zwar klar und deutlich, aber doch einfühlsam und ermutigend. Wenn wir davon ausgehen, dass er Johannes, Sohn des Zebedäus war, dann ist er der Jünger, „welchen Jesus lieb hatte“.[119] Er erfreute sich der Zuneigung Jesu und gehörte zum engsten Kreis der drei Jünger. Doch dieser liebenswürdige und verständnisvolle Mann war er nicht immer gewesen. Er muss in jüngeren Jahren eine ganz andere Person gewesen sein. Aber sein Leben hatte sich verändert durch die Gemeinschaft mit Jesus Christus, und nicht zuletzt auch davon legt sein Brief ein beredtes Zeugnis ab.

Betrachten wir also, gewissermaßen als Nachklang, einige Stationen im Leben des Johannes:[120]

Johannes war ein Sohn des Zebedäus und wahrscheinlich der Salome, von Beruf war er Fischer. Schon frühzeitig interessierte er sich für Gott und die Verkündigung des Reiches Gottes. Er gehörte, zusammen mit seinem Bruder Jakobus, zu den ersten Jüngern, die Jesus berief. Den beiden wurde der Beiname „Donnerssöhne“[121] gegeben - und das zu Recht: Jesus war mit seinen Jüngern auf dem Weg nach Jerusalem und machte in einem Dorf in Samaria Rast. Als sie dort übernachten wollten, wurden sie nicht aufgenommen. Jakobus und Johannes waren darüber so erbost, dass sie

---

[119] Joh 21,20.
[120] Diese Schilderung nimmt Gedanken auf von Klempert 1973, 9-13 und White o.J., 537-564.
[121] Mk 3,17.

Jesus vorschlugen, sie könnten doch Feuer vom Himmel über dieses Dorf fallen lassen. Wegen dieser Gesinnung tadelte sie Jesus scharf.[122]

Einige Zeit zuvor war folgendes passiert: Ein Mann hatte im Namen Jesu Dämonen ausgetrieben, gehörte aber nicht zu seinen Jüngern. Johannes maßte sich an, ihm das zu verwehren und musste erkennen, dass er wieder gegen die Gesinnung Jesu gehandelt hatte.[123] Immer wieder musste Jesus seine Jünger tadeln, weil sie nach Macht, Ehre und Herrschaft strebten. Das fand seinen Höhepunkt, als ihn die Söhne des Zebedäus baten, er solle ihnen die Plätze zu seiner Rechten und Linken im Reich Gottes vermitteln. Kein Wunder, dass dies den Unwillen der anderen zehn Jünger hervorrief und erst recht eine Rüge von Jesus einbrachte. Dabei machte er noch einmal das Wesen seiner Sendung deutlich: „Denn auch der Menschensohn ist nicht gekommen, dass er sich dienen lasse, sondern dass er diene und sein Leben gebe als Lösegeld für viele."[124] Johannes - sicherlich ein engagierter und mutiger, aber auch ein hitzköpfiger, rachsüchtiger und stolzer Mensch.

Später begegnet uns ein ganz anderer Johannes. Er harrte als einer der wenigen unter dem Kreuz Jesu aus.[125] Er war der erste, der an den Auferstandenen glaubte.[126] Er legte – zusammen mit Petrus – ein mutiges Bekenntnis vor dem Hohen Rat ab[127] und er galt bei den ersten Gläubigen als eine Säule in der Gemeinde.[128]

Was war geschehen? Was hatte diese Veränderungen bewirkt? Johannes hatte über drei Jahre mit Jesus auf das Engste zusammen gelebt. Er hatte ihn gesehen, gehört, ja gefühlt. Er hatte seine Predigten und Gleichnisse gehört, hatte seine Zeichen und Wunder gesehen, hatte selbst seine

---

[122] Siehe Lk 6,51-56.
[123] Siehe Mk 9,38-41; Lk 9,49.50.
[124] Mk 10,35-45.
[125] Siehe Joh 29,25-27.
[126] Siehe Joh 20,8.
[127] Siehe Apg 4,19.20.
[128] Siehe Gal 2,9.

Belehrungen erfahren. Er hatte nach und nach verstanden, dass die Gesinnung Jesu in Sanftmut, Barmherzigkeit und Liebe bestand. Er hatte erkannt, dass die Macht und Herrlichkeit Jesu sich nicht in einem irdischen Reich entfaltet, sondern dass es die „Herrlichkeit als des eingeborenen Sohnes vom Vater, voller Gnade und Wahrheit“ ist.[129] Und er hatte die Höhepunkte im Leben Jesu miterlebt, als sich der himmlische Vater bei der Taufe und auf dem Verklärungsberg zu seinem Sohn bekannte. Das war ein langer Lernprozess mit Erfolgen und Rückschlägen für Johannes gewesen, aber der eigentliche Wendepunkt muss der Tod und die Auferstehung Jesu gewesen sein. Am Kreuz hatte sich die Gesinnung Jesu aufs deutlichste offenbart: gekommen, um zu dienen, sein Leben zur Erlösung zu geben. Jesus hatte sein Leben auch für ihn, für Johannes, gegeben. Und als er dann zuerst das leere Grab sah und später dem Auferstandenen begegnete, wusste er: Das Leben hat gesiegt, der Dienst geht weiter, die Mission hat gerade erst begonnen. Diesen Auftrag hatte Jesus ihm wie auch allen anderen Jüngern gegeben: „Wie mich der Vater gesandt hat, so sende ich euch.“[130] Aber Johannes hatte auch einen ganz persönlichen Auftrag von Jesus erhalten, den nur er selbst genau kannte.[131]

Doch letzten Endes war ausschlaggebend gewesen, dass Johannes diese Liebe, von der er später so viel schreiben konnte, selbst erfahren hatte. Der Jünger, „welchen Jesus lieb hatte“, konnte sich so bezeichnen, nicht weil er bevorzugt war und Jesus andere weniger geliebt hätte. Er konnte sich so bezeichnen, weil er sich ganz besonders dieser Liebe öffnete. „Er riss sozusagen alle Fenster und Türen seines Herzens auf, damit diese Liebe hineinfluten und alles verklären konnte. Sein Wesen wurde durchdrungen von

[129] Joh 1,14b.
[130] Joh 20,21.
[131] Joh 21,20-23.

der Liebe Gottes in Jesus Christus. Johannes war ein Mann, der sich formen ließ in der Nähe Jesu."[132]

Veränderungen sind möglich, ein neues Leben kann beginnen. Das, was Johannes seinen Lesern schreibt, hatte er selbst erlebt. Das ist ermutigend für uns: Die Liebe Gottes verändert unser Denken, Empfinden und Handeln. Die Liebe Gottes befreit und erlöst. Die Liebe Gottes treibt alle Furcht, Zweifel und Hoffnungslosigkeit hinaus. Die Liebe Gottes ist größer – größer als alle Ängste und Sorgen, größer als alle Anfechtungen und Selbstzweifel, ja größer als unser Herz!

Zum Nachsinnen und Weiterdenken

An Johannes
Von dir heißt es:
„Der Jünger, den Jesus liebte."
Es ist tröstlich für uns zu wissen,
dass Jesus zwölf Jünger auswählte
und von denen nochmal drei.
Mit Petrus und Jakobus gehörtest du
zum engsten Kreis Jesu.
Jesus hat sich dir anvertraut.
Du standest auf dem Tabor.
Du ruhtest beim letzten Abendmahl
an der Brust des Herrn.
Du standest bei Ihm
in Stunden der Angst auf dem Ölberg.
Du warst unter dem Kreuz

[132] Klempert 1973, 12.

dem Spott der Menge ausgeliefert.
Er hat dir Seine Mutter übergeben.
Du hast Ihn verstanden, ohne Worte.
Als der einzige Jünger Jesu
hast du deinen Meister
bis zum Letzten begleitet.
Du bist zum Grabe gerannt,
hast das leere Grab gesehen
und wusstest: „Jesus ist auferstanden!"
Du hast vor dem Hohen Rat gesagt:
„Wir können nicht schweigen von dem,
was wir gesehen und gehört haben."
Du hast aus der Erfahrung deines Lebens
uns deine Einsicht geschenkt:
„Gott ist die Liebe!"
Du hast uns Jesus Christus gezeigt
als den Sohn Gottes,
der gekommen ist,
in uns zu wohnen.
Du hast durch deine Liebe
die Geheimnisse Jesu Christi
ohne Erklärung begriffen.
Du bist geprägt
vom Geheimnis der Zuneigung,
der Gnade und Liebe
deines und unseres Meisters
Jesus Christus.

Martin Gutl[133]

---

[133]Gutl 1983, 168.

Literaturangaben

Balz, H. / Schrage, W.: Die Briefe des Jakobus, Petrus, Johannes und Judas, NTD Band 10, Göttingen: Vandenhoeck & Ruprecht, 1993

De Boor, Werner: Die Briefe des Johannes, Wuppertaler Studienbibel, Wuppertal: R. Brockhaus Verlag, 1978[3]

Gerhardt, Johann: Angstfrei glauben, Lüneburg: Advent-Verlag, 2004

Gottschalk, Gerda (Hg.): ...da war dein Wort, Hamburg, Saatkorn-Verlag, o.J.

Gutl, Martin: Nachdenken mit Martin Gutl, Graz: Verlag Styria, 1983

Heinz-Mohr, Gerd: Sermon, ob der Christ etwas zu lachen habe. O.O.: Burckhardthaus-Verlag, 1965[4]

Klauck, Hans-Josef: Der erste Johannesbrief, EKK XXIII/1, Benziger/ Neukirchener Verlag, 1991

Klempert, Wolfgang: Gott ist die Liebe. Das Zeugnis der Johannesbriefe, Berlin: Evangelische Versandbuchhandlung, 1973

Krimmer, Heiko: Johannesbriefe, Bibelkommentar Band 21, Neuhausen-Stuttgart: Hänssler Verlag, 1992[2]

Kühner, Axel: Überlebensgeschichten für jeden Tag, Neukirchen-Vluyn: Aussaat Verlag, 1994[4]

Lotz, Johannes B.: Das Neue Testament – heute gelesen. Meditationen zum Ersten Johannesbrief, Freiburg: Verlag Herder, 1975

Mann, Dietrich: Mit dem Neuen Testament im Gespräch. Teil 2: Die Briefe und die Offenbarung des Johannes, Konstanz: Christliche Verlagsanstalt, 1986

McClung jr., Floyd: Das Vaterherz Gottes, Tübingen: Jugend mit einer Mission Verlag, 1987[3]

Nichol, Francis D. (Hg.): The Seventh-day Adventist Bible Commentary, Vol.7, Hagerstown MD: Review and Herald Publishing Association, 1980

Schaffer, Ulrich: Überrascht vom Licht, Wuppertal und Kassel: Oncken Verlag, 1980

Schlatter, Adolf: Die Briefe und die Offenbarung des Johannes, Erläuterungen zum Neuen Testament, Stuttgart: Calwer Verlag, 1987

Thielicke, Helmut: Das Lachen der Heiligen und Narren, Freiburg: Verlag Herder, 1982[5]

Weber, Manfred (Hg.): Die Weite des Lebens. Mit Dietrich Bonhoeffer Jesus entdecken, Gütersloh: Gütersloher Verlagshaus, 2008

White, Ellen G.: Das Wirken der Apostel, Hamburg: Saatkorn-Verlag, o.J.

Zink, Jörg: Wie wir beten können, Stuttgart: Kreuz-Verlag, 1973[6]

Printed by Books on Demand GmbH, Norderstedt / Germany